COURS D'HISTOIRE

DE LA

PHILOSOPHIE MORALE

AU DIX-HUITIÈME SIÈCLE.

Imprimerie de H. FOURNIER et Comp., rue Saint-Benoît, 7.

COURS D'HISTOIRE

DE LA

PHILOSOPHIE MORALE

AU DIX-HUITIÈME SIÈCLE,

PROFESSÉ A LA FACULTÉ DES LETTRES, EN 1819 ET 1820,

PAR V. COUSIN.

INTRODUCTION

PUBLIÉS

PAR M. E. VACHEROT,

Agrégé de philosophie, docteur ès-lettres, etc., etc.

PARIS

LIBRAIRIE DE LADRANGE,

QUAI DES AUGUSTINS, 19.

1841

AVERTISSEMENT.

Dans l'avertissement qui se trouve en tête des *Leçons sur la philosophie écossaise*, je disais : « S'il est impossible d'imposer à l'agent moral, au nom de la liberté seule, la charité et le dévouement comme devoirs rigoureux, on peut toujours le faire au nom de la raison ; car la raison, en vertu de son caractère impersonnel et vraiment divin, fait sortir le moi des limites de sa nature, et le transporte dans un monde supérieur d'où la charité et le dévouement lui apparaissent comme obligatoires au même titre que le plus simple devoir de justice. » Et, en effet, le principe de la théorie de M. Cousin, c'est la raison et non la liberté. Nul n'a démontré avec plus de force et de clarté, au moment même où il fondait la théorie des droits et des devoirs sur le fait de liberté, que ce fait ne suffit pas à constituer à lui seul le droit ou le devoir, par cela même qu'il n'a pas ni ne peut jamais avoir l'autorité d'un principe, et qu'il n'y a que la raison qui puisse en faire sortir une loi morale. Or la raison, supérieure en elle-même à toutes les lois et à toutes les règles, comprend tous les devoirs, les devoirs de dévouement comme les devoirs de justice; donc toute morale qui relève de la raison, mais de la raison dégagée de ses formes et considérée dans son essence, est une morale complète. Sous ce rapport, la théorie de M. Cousin est irréprochable.

Maintenant, bien que la raison ne se con-

fonde avec aucune formule, il n'en faut pas
moins qu'elle s'exprime en formules quand elle
arrive à l'application. La raison sans les faits,
dans l'ordre moral aussi bien que dans l'ordre
de la science, resterait un principe stérile et
inutile, faute d'une matière à laquelle elle pût
se prendre. On n'en pourrait tirer d'autre loi
que ces vagues formules : Il faut obéir à la raison; il faut faire ce qui est bien; il faut remplir
son devoir. Mais quant à définir ce que commande la raison, ce que c'est que le bien, ce
que c'est que le devoir dans tel cas, la raison
ne le peut qu'autant qu'elle juge sur des faits.
C'est ainsi qu'elle établit le devoir de justice sur
le fait de liberté; en sorte que, si la raison est
ici comme ailleurs le principe du devoir, le fait
de liberté en est la matière, et comme tel la
condition indispensable. Quoi qu'il en soit, la
raison étant une et les faits sur lesquels elle
tombe fort divers, on conçoit comment le principe de la morale est susceptible d'une multi-
tude d'applications et comment ni une formule,

quelque large qu'elle soit, ni même un système
de formules n'épuise ce principe. Ainsi, par
exemple, telle de ces applications constitue la
justice; mais la justice n'est pas plus la morale
tout entière qu'une forme de la raison n'est la
raison elle-même.

M. Cousin, ayant à replacer sur une base
inébranlable la loi morale fort compromise par
les attaques du sensualisme et les protestations
d'un spiritualisme vague et sentimental, devait
s'attacher tout d'abord à la loi de justice, comme
à ce qu'il y a de plus clairement et de plus simplement obligatoire dans toute la morale. Sur
ce terrain, il était sûr de rallier promptement
toutes les opinions sincères, le devoir de justice
étant compris et accepté de tout le monde, tandis qu'il n'appartient guère qu'aux âmes d'élite
de comprendre et de pratiquer la loi de dévouement. Mais comme M. Cousin, tout en maintenant la raison comme principe de tous nos
devoirs, et en la montrant distincte de ses formes

et supérieure à toutes, n'avait considéré que les devoirs de justice, on put croire et on crut que sa théorie ne comprenait pas d'autres devoirs que ceux-là. En effet, disait-on, si le principe de nos devoirs est, comme le veut la théorie, cette simple formule : Être libre, reste libre, on comprend que l'homme soit obligé au respect de la liberté d'autrui ; mais on ne comprend plus qu'il soit obligé en outre au sacrifice de sa propre liberté pour défendre celle de ses semblables. A cela il n'y a rien à répondre ; il est bien évident que le principe de liberté comprend les devoirs de stricte justice, mais non les devoirs de charité et de dévouement. Pour rattacher ces devoirs à la morale, il fallait remonter à un principe supérieur à la liberté, à la raison ; il fallait dégager ce principe de toutes ses formes et de toutes ses applications et montrer que, de quelque manière et sous quelque forme qu'il se manifeste, par la charité, par le dévouement, comme par la justice, dans l'ardeur de l'enthousiasme comme dans le silence de la réflexion, il a partout la même autorité; il fallait enfin établir que, précisément parce que la raison se manifeste également sous toutes ces formes, elle n'est aucune d'elles particulièrement et qu'elle les embrasse toutes dans son essence infinie. Tel fut l'objet des leçons que nous publions. M. Cousin y proclame sans cesse l'existence des grands devoirs et des héroïques sentiments, et il en montre le principe dans la nature sublime de la raison. « Ne viole point la liberté de ton semblable, ne fais point de mal à autrui, ne sois point injuste, abstiens-toi, comme disent les stoïciens: voilà toute la loi, loi obligatoire pour tous, loi de tous les temps et de tous les lieux. Quiconque s'y conforme est quitte envers la société; cependant il y a des actions qui dépassent ces limites; il y a des âmes qui, s'élevant au-dessus de la loi commune, s'imposent une loi supérieure, la loi du dévouement à autrui. Dans l'antiquité, il y eut des patriotes qui, non contents d'avoir respecté scrupuleusement l'indépendance humaine, se sont présentés sur la scène du monde pour entreprendre avec éclat la défense de la liberté menacée ou abattue. Ces exemples, que les historiens célèbrent et qui font battre le cœur des hommes, appartiennent à une autre vertu que commande une autre morale; mais ne nous y trompons pas : le genre humain n'a pas le droit d'imposer le dévouement comme une loi obligatoire. La seule loi obligatoire envers la société est le respect de la liberté; l'anéantissement personnel pour le salut de la liberté n'est une loi que pour ceux qui se l'imposent à eux-mêmes. Ce n'est point un devoir qu'on puisse réduire en formule; c'est une sorte d'instinct spontané, sans règle, sans formule précise, qui est en morale ce que le génie est dans les arts. C'est la raison du petit nombre, raison supérieure à la raison commune des hommes, raison pure, qu'on me pardonne ce mot, ne répondant de soi qu'à soi-même, ne s'engageant qu'envers soi-même, hors de la portée de la règle de justice, des peines et des contraintes sociales. Aussi le genre humain accepte-t-il les sacrifices du dévouement, non comme une dette, mais comme un don gratuit. Celui qui viole la liberté d'un autre est traité par la société en coupable et en ennemi ; celui qui respecte les libertés qui l'entourent est laissé par elles dans sa liberté et dans son repos. Il n'y a point de châtiments pour quiconque manque d'héroïsme ; mais il y a pour les héros des couronnes et des statues. »

De telles doctrines étaient bien faites pour élever et fortifier les âmes ; elles eurent un puissant effet sur la jeunesse qui se pressait autour de la chaire de l'illustre professeur. Le gouvernement de la Restauration dans ses mauvais jours s'effraya de cette influence qu'il ne sut pas comprendre. C'était le temps où, impatient de rentrer dans les voies de contre-révolution d'où l'avait fait sortir l'administration modérée de M. Decazes, il imposait ses mauvais instincts au ministère honnête, mais faible qu'il subissait alors en attendant qu'il pût s'y abandonner sans mesure sous un ministère de son choix, et commençait à frapper tous ceux qui ne montraient pas moins de dévouement aux libertés publiques qu'au trône. En même temps que M. Royer-Collard et M. Camille Jordan quittèrent le conseil d'État, que M. Guizot cessa de prendre part à l'administration, M. Cousin fut condamné au silence. De nobles voix s'élevèrent alors dans la presse pour protester contre cet injuste et absurde arrêt. J'ai cru devoir joindre à cet avertissement l'éloquente protestation de M. Kératry. J'y joins également quelques articles de la presse dans lesquels M. Thierry popularisait l'enseignement du professeur de Sorbonne par des analyses à la fois claires et substantielles.

E. VACHEROT.

INTRODUCTION GÉNÉRALE

A L'HISTOIRE

DE LA

PHILOSOPHIE MORALE

AU DIX-HUITIÈME SIÈCLE.

PREMIÈRE LEÇON.

Caractère de ce cours. — Introduction. — Plan de cette introduction. — Méthode à suivre. — Analyse des faits principaux
de la nature humaine. — Théorie de la sensibilité. — Théorie
de l'activité. — Théorie de la raison. — Loi morale. — Distinction du devoir et du bonheur. — Théorie du bonheur. —
Théorie de l'amour. — Morale de justice. — Morale de dévouement. — Même distinction à appliquer à la politique. — De
l'avenir de la société.

Je vous ai présenté l'année dernière l'histoire
de la philosophie morale en France, en Angleterre
et en Écosse, pendant le xviiie siècle. Je vous ai
promis pour cette année le tableau de cette même
partie de la philosophie chez une autre nation de
l'Europe, dont la philosophie, longtemps ignorée,
commence à sortir de son obscurité et à fixer

1

l'attention du monde. Je viens accomplir ma promesse, achever le cercle historique que je me suis tracé, et vous faire connaître le système qui imprima à l'Allemagne ce grand mouvement intellectuel qui dure encore, et qui ne sera pas si tôt épuisé : je veux parler de la philosophie morale de Kant.

Ce système embrasse toutes les parties de la philosophie pratique. Indépendamment des vues générales et métaphysiques auxquelles il se rattache nécessairement, il se compose : 1° d'une théorie du devoir considéré dans son abstraction; 2° des applications de cette théorie, soit à l'homme individuel, d'où la morale individuelle, soit aux rapports des hommes entre eux, d'où la morale sociale.

La morale sociale est proprement le droit naturel : le droit naturel développé embrasse le droit civil, le droit politique, et toutes les recherches auxquelles s'applique la notion du droit.

Vous pressentez, Messieurs, combien de questions difficiles et délicates renferme un pareil système; mais, convaincu que le devoir d'un professeur est d'enseigner avec droiture tout ce qui dépend de son enseignement, et qu'il doit, dédaignant à la fois et les périls et les honneurs de l'indépendance, ne fuir que l'erreur, mais aussi ne chercher que la vérité dans les limites et dans l'étendue des fonctions confiées à ses soins, je vous exposerai le système moral de Kant, tel qu'il est dans les ouvrages de l'auteur, avec tous les problèmes qu'il soulève et prétend résoudre. Ce qu'un philosophe illustre n'a pas cru devoir retrancher de ses recherches, je ne le retrancherai pas de mon exposition : mais auparavant je me propose, dans les premières leçons de cette année, de vous faire connaître le système moral avec lequel j'apprécierai celui de mon auteur, et les principes qui dirigeront ma critique, c'est-à-dire ma propre opinion sur les problèmes agités par le philosophe allemand.

Cette première leçon sera même consacrée à une esquisse rapide de ces prolégomènes du système de philosophie morale, dont le développement théorique et historique embrassera l'année tout entière.

Je commence, comme j'ai fini l'année dernière, par vous rappeler la méthode qui présidera à nos recherches : car la philosophie, dans sa plus haute acception, n'est qu'une méthode. C'est bien moins par tel ou tel principe et surtout par tel ou tel résultat, qu'il faut juger un système, que par l'esprit général qui le caractérise ; et l'esprit général d'un système est dans sa méthode.

Vous le savez ; il n'y a point de science de ce qui passe. En effet, une telle science, changeant perpétuellement avec son objet, se ferait et se déferait sans cesse, et ne s'achèverait jamais. La science cherche ce qui ne passe pas : son premier caractère, sa première loi est donc de ne souffrir rien d'arbitraire dans ses procédés.

Or, pour ne pas être arbitraire, il faut qu'elle ne soit pas incomplète, et, pour ne pas être incomplète, il faut qu'elle épuise, ou du moins qu'elle tende à épuiser son objet, c'est-à-dire qu'elle détermine tous les problèmes dont elle doit s'occuper sans en laisser échapper un seul. Nous commencerons donc par essayer de déterminer avec précision les problèmes dont l'esprit humain peut s'occuper, et dont la réunion compose ce qu'on appelle la philosophie.

Selon nous, ces problèmes, dans leur infinie variété, peuvent se réduire à trois, que bientôt même nous réduirons à deux.

L'homme veut savoir : c'est là le besoin le plus intime de sa nature ; et ce qu'on appelle la curiosité humaine n'est que le développement nécessaire, bien ou mal dirigé, du fond de notre être. L'homme veut donc savoir, et savoir sans fin. Il veut savoir quel est ce monde où il est placé, et ce qu'il est relativement à ce monde. L'homme veut connaître tout l'univers, et cette question immense ne suffit même pas encore à l'infatigable activité de son intelligence : il veut encore savoir d'où vient cet univers et où il va. Là seulement s'arrête, avec le possible, la pensée de l'homme.

Quand on sait ce que c'est que cet univers, quelle est son origine et sa fin, on sait tout ce qu'il est permis à l'homme de concevoir et de chercher. Une philosophie qui ne va pas jusque là est incomplète. Si elle l'est sans savoir pourquoi, et sans prétendre devoir l'être, ce n'est pas une philosophie ; si elle l'est systématiquement, elle est contrainte de sacrifier à son système des besoins réels de l'intelligence, des questions qu'elle écarte ou qu'elle résout sans impartialité ; de sorte, qu'incomplète dans son esprit général et dans son principe, elle est dans ses développements exclusive et fausse. S'écriera-t-elle que la tâche qu'on lui impose est trop ambitieuse ? Nous répondrons qu'elle ne l'est pas plus que la pensée de l'homme, qui est ainsi faite. Accusez donc et cette pensée et son auteur, qui a voulu qu'elle fût infinie comme lui, et qu'elle embrassât toutes choses.

Après avoir divisé les trois questions philosophiques, il s'agit de les classer. Par laquelle commencera la philosophie ? Sera-ce par la question de l'origine des choses ? Mais chercher l'origine des choses qu'on ne connaît pas encore, c'est débuter par une hypothèse. Commencerons-nous donc par chercher quelle est la fin des choses? Mais, c'est débuter encore par une hypothèse. Il ne faut donc chercher d'abord ni l'origine des choses ni leur fin. Par quoi faut-il commencer? Par le présent, non par le passé ni par l'avenir. Oui, Messieurs, c'est par l'étude de l'univers, de cet univers dans lequel nous sommes et tel qu'il est aujourd'hui, que la philosophie commence ses recherches; elle se garde bien de retrancher les deux autres questions, mais elle les ajourne.

Si l'on y fait attention, ces deux questions se présentent sous un point de vue commun; elles sont placées au-dessus de l'univers. J'appelle philosophie transcendante, sans m'effrayer du terme, toute philosophie qui transgresse les limites de l'univers. Or, ce qui surpasse le monde ne peut être le point de départ d'une intelligence placée en ce monde; il faut bien qu'elle parte du point où elle est.

L'étude de l'univers étant posée comme la première étude du philosophe, vient la question de la méthode qu'il doit appliquer à cette étude. Comment étudierons-nous l'univers? Par l'observation. Il n'y a plus là d'hypothèses; l'univers est un fait, il faut l'étudier par les sens et par la conscience. La méthode d'observation est donc la seule méthode de la philosophie préliminaire.

Mais cet univers se compose de bien des choses. Par où commencera la philosophie dans les limites mêmes de son premier objet? Sera-ce par l'homme? sera-ce par la nature? car l'homme et la nature, voilà tout l'univers. Faites-y bien attention, qui veut étudier? Ce n'est pas la nature, c'est l'homme. Mais comment l'homme étudie-t-il? C'est avec lui-même, avec les facultés qui lui sont propres. Les connaissances que l'homme peut acquérir, il les doit virtuellement aux facultés avec lesquelles il les acquiert. S'il ne connaît pas ses facultés, il n'en connaît pas la portée, il n'en connaît pas le bon et le mauvais usage; il ne peut les employer avec sécurité à tel ou tel ordre de recherches auxquelles il ignore si elles peuvent légitimement s'étendre. Pour bien employer un instrument, il faut le bien connaître. Or, notre inévitable et unique instrument étant nous-mêmes, c'est par nous-mêmes, par l'étude de nos facultés ou de l'instrument de toute connaissance possible, que l'homme doit commencer toute recherche. La première étude de la philosophie sera donc l'étude de la nature humaine.

Mais cette nature humaine est un univers en abrégé. Par quelle partie de la nature humaine commencera la philosophie? Sera—ce par cette partie si frappante de la nature humaine, qui est la sensibilité? Non, car ce qui examinerait la sensibilité, ce n'est pas la sensibilité. Si donc nous nous occupions d'abord de la sensibilité, ce qui s'en occuperait en nous, faute de se connaître, pourrait s'égarer, transporter sa propre nature dans l'objet de son étude, rester en-deçà de ses forces ou en dépasser les limites. L'instrument de la connaissance sensible n'ayant pas d'abord été reconnu, et sa valeur n'ayant pas été appréciée, son application pourrait être vicieuse. Il faut donc, à la rigueur, commencer par l'examen et l'étude même de ce qui en nous examine et étudie, c'est-à-dire, de ce qui pense. Au-delà il n'y a plus rien à chercher : car ici l'objet et le sujet ne se distinguent plus l'un de l'autre ; derrière la pensée qui est étudiée, on rencontre la pensée qui étudie : c'est toujours la pensée. On ne peut remonter au-delà et plus avant. Là est la limite des scrupules de la méthode : la nécessité pousse jusque là, mais elle y fixe.

Voilà le premier objet de la philosophie déterminé : l'intelligence est le point de départ de la science. J'arrive ainsi à la philosophie morale.

Quand l'homme rentre en lui-même, quand il se sépare de l'univers extérieur et de cet univers qui lui paraît plus intime et qui pourtant est encore extérieur à lui-même, à savoir la sensibilité, il se reconnaît comme une force volontaire et libre, identique à elle-même, tandis que son objet, ce dont elle s'occupe, varie perpétuellement.

La conscience n'est autre chose qu'une lutte de l'homme et de la nature, lutte que l'homme ne peut pas détruire et dont les deux termes sont marqués à ses yeux de caractères opposés : le moi ou le sujet qui se reconnaît comme libre, et le non-moi ou l'objet qui est soumis aux lois de la fatalité. Là se rencontre déjà l'idée de supériorité, l'idée de dignité, de grandeur morale, de sainteté. L'homme est un être saint, relativement aux choses dont il se distingue. Les choses lui paraissent viles, relativement à lui ; il se reconnaît comme leur supérieur et leur maître ; il peut, comme il lui plaît, les briser, changer leur forme, altérer leur arrangement physique, sans qu'aucun remords pénètre dans son âme. L'homme se constitue à ses propres yeux supérieur à toute cette nature qui l'environne. Le premier élément moral est donc trouvé : c'est la sainteté de l'homme relativement aux choses.

La loi d'un être n'est et ne peut être autre chose que le maintien de sa nature. La nature de l'homme est cette force volontaire par laquelle il se sépare de ce qui n'est pas lui. La loi de l'homme n'est donc et ne peut être que la conservation de cette force libre. Là est la dignité; là aussi est la paix, c'est-à-dire le bonheur. Quand l'homme laisse déchoir la force libre qui le constitue, il descend du rang de personne au rang de simple chose, il abandonne l'unité pour tomber dans le divers et l'inconstant, et il souffre : il souffre, parce qu'il est agité. Agitation et misère, choses synonymes; une éternelle harmonie unit le désordre et la misère, la dignité et la paix.

Après avoir considéré l'homme dans son rapport avec les choses dont il se distingue, considérons l'homme dans son rapport avec lui-même.

L'homme se sent respectable et sacré relativement aux choses; et quand il s'examine relativement à lui-même, il se trouve sacré à ses propres yeux : il reconnaît que, s'il a le droit de faire des choses ce qu'il lui plaît, il n'a pas le droit de contrarier la loi de sa propre essence, et qu'il a le devoir de la maintenir pure. Telle est la loi que la raison impose à la liberté, relativement à la liberté même. Ainsi le caprice, la vanité, l'orgueil, toutes les passions qui troublent la dignité et la paix de la nature humaine, sont des passions interdites par la raison à cette même liberté.

Sans entrer ici dans cet ordre de devoirs,

je passe aux rapports qui unissent l'homme à l'homme.

La force libre est respectable à ses propres yeux : toute force libre est également respectable. Or, lorsque les hommes se considèrent, ils se trouvent, les uns comme les autres, des forces libres : d'où il suit qu'aussitôt que ce rapport se manifeste, l'idée majestueuse de la liberté mutuelle développe celle de la mutuelle égalité, et par là l'idée du devoir mutuel et égal de respecter cette liberté, sous peine de se traiter les uns les autres comme des choses et non comme des personnes. Toute personne m'est sacrée, comme je suis sacré à toute personne, parce que je suis moi-même une personne comme elle : là est le rapport des droits et des devoirs. Je n'ai pas de droits directs et immédiats, je n'ai que des devoirs envers les personnes; mais comme elles ont aussi des devoirs envers moi, elles me confèrent par là des droits.

La liberté et l'égalité engendrent dans leur développement tous les droits et tous les devoirs. La personne est libre, sacrée, inviolable; tout ce qui dépend d'elle est également inviolable et sacré. Or, le premier développement, le développement le plus intime du moi libre est la pensée; toute pensée, comme telle, considérée seulement dans les limites de sa sphère individuelle, est sacrée.

La pensée est le premier produit de l'intelligence et de la volonté; le premier acte de pensée libre et personnelle est le premier acte de propriété. Notre première propriété, c'est nous-même, c'est notre moi, c'est notre liberté, c'est notre pensée : toutes les autres propriétés dérivent de celle-là et la réfléchissent.

La propriété n'est pas primitivement le résultat d'une convention, car la propriété est inviolable, et une convention ne l'est pas. Une convention peut être annulée par ceux qui l'ont consentie, et qui de nous concevrait que tous les hommes réunis pussent convenir que notre pensée cessera d'être *nôtre*, notre corps de nous appartenir? Non, le droit de propriété, le droit de disposer de ce qu'on possède, ne va pas jusqu'à donner son corps, sa pensée; un principe supérieur, celui-là même qui fonde la propriété, s'y oppose, savoir : la sainteté de la liberté. Ce serait opprimer notre liberté, ce serait nous servir d'elle contre elle-même, que de permettre qu'un autre pût disposer de nos pensées et de nos actions. Il y a donc des propriétés inaliénables.

L'acte primitif de propriété n'est autre chose que l'imposition libre de la personnalité sur des choses; c'est par là que mon corps est *mien*, c'est ainsi que je puis faire *mien* tout ce qui n'est que simple chose, tout ce qui est inférieur à moi. Dès lors, les objets que j'élève à moi cessent par là d'être de simples choses à l'égard des autres, et par conséquent cessent de tomber sous leur occupation et leur appropriation. Ils participent en quelque sorte à ma personnalité par l'acquisition que j'en ai faite ; ils ont des droits par moi, si je puis m'exprimer ainsi, ou, pour mieux dire, des droits en eux, et ce sont ces droits qui sont respectables.

C'est ainsi qu'en augmentant sa propriété, l'homme étend le cercle de ses droits. Les actes de mon esprit, et, par contre-coup, ceux de mon corps, en tant qu'ils sont produits librement par moi, et lorsqu'ils ne dépassent pas la sphère de l'action individuelle, c'est-à-dire lorsqu'ils ne se compliquent pas avec l'action d'une autre personne, et ne la troublent sur aucun point, ces actes sont parfaitement légitimes. Là est la liberté individuelle, fondement de la sûreté individuelle.

Il résulte de ce que je viens de dire que le droit naturel repose sur un seul principe, qui est la liberté de l'homme, et la sainteté de cette liberté à ses propres yeux et aux yeux de ses semblables. Le droit naturel, dans ses conséquences immédiates, dans ses applications prochaines, contient et engendre le droit civil. Les maximes générales

du droit civil ne sont autre chose que les maximes
même du droit naturel, mises sous une forme
plus positive.

Remarquez qu'en attribuant à la liberté humaine le droit de faire tout ce qui dépend d'elle,
j'ai posé la limite en disant qu'elle a ce droit dans
sa sphère, non dans celle d'aucune autre liberté.
En effet, l'homme qui, pour exercer sa liberté,
gênerait la liberté d'un autre, manquant ainsi à
la loi même de la liberté, se rendrait coupable.
C'est toujours envers la liberté qu'il est obligé,
que cette liberté soit sienne ou celle d'un autre.
Tant que l'homme use de sa liberté individuelle
sans déranger l'action des libertés étrangères,
l'homme est en paix avec les autres et avec lui-
même, parce qu'il n'a pas abusé de sa liberté.
Mais aussitôt qu'il entreprend sur les libertés
égales à la sienne, il les déshonore et les trouble,
il se trouble et se déshonore lui-même, car son
honneur et son repos sont engagés dans le repos et
l'honneur de ses semblables. Là, sur un théâtre
bien plus grand, se manifeste le rapport du bonheur et de la dignité morale, de la vertu et de la
paix. Le respect de la liberté, c'est-à-dire la justice,
contient donc le respect envers la paix, c'est-à-
dire le respect envers l'ordre.

L'ordre, c'est la paix ; la paix, c'est le respect

de tous les hommes les uns envers les autres, en vertu de ce principe qu'ils sont tous égaux, principe fondé lui-même sur cet autre principe qu'ils sont tous libres. Liberté, égalité, justice, ordre, paix, toutes choses synonymes. Les vrais amis de la liberté sont donc les amis de la justice, de l'ordre et de la paix. Le maintien de la liberté, pour me répéter encore, est donc la défense la plus rigoureuse de l'ordre, et tout attentat envers l'un est un attentat envers l'autre.

Mais vous concevez que l'ordre, la paix, la justice, la vertu, ont des adversaires constants et infatigables dans les passions, filles du corps, et naturellement ennemies de la liberté, fille de l'âme. Quiconque enfreint la liberté est coupable, et par conséquent répréhensible, car l'homme n'a pas seulement le droit de défendre sa liberté, il en a le devoir. De là naît l'idée de répression possible, et la légitimité du droit pénal. Oui, si l'homme, lorsqu'il n'est coupable qu'envers sa propre liberté, ne relève que du tribunal de la raison et de la conscience, dès qu'il trouble des libertés égales à la sienne, il est responsable devant ses semblables, et il est juste de le traduire devant un tribunal qui puisse punir les infracteurs de l'ordre, c'est-à-dire les ennemis de la liberté.

Mais qui composera ce tribunal? Qui pourra

saisir et punir le coupable? Qui sera dépositaire de la puissance nécessaire pour faire respecter la liberté et la paix? Ici arrive l'idée de gouvernement.

Il y a donc une société naturelle et éternelle, dont toutes nos sociétés ne sont que des types plus ou moins fidèles. A cette société correspond un gouvernement tout aussi naturel, tout aussi légitime, envers lequel nous sommes tous obligés, qui nous défend tous et que nous devons tous défendre, et en qui nous avons le devoir de placer et de maintenir la force et l'autorité qui lui sont nécessaires pour pouvoir réprimer : je dis réprimer, et non pas opprimer.

La force qui doit défendre peut souvent nuire. L'art social n'est autre chose que l'art d'organiser le pouvoir de manière à ce qu'il puisse toujours veiller efficacement à la défense des institutions protectrices de la liberté et de l'ordre, sans jamais pouvoir tourner contre ces institutions même la force qui lui a été confiée pour les maintenir.

Vous voyez qu'ici la question ne se résoud pas par la seule philosophie. Vous concevez que les circonstances qui souffrent telle organisation du pouvoir n'en souffrent pas telle autre. Toute organisation du pouvoir, protectrice de la liberté, est bonne; mais la protection n'a pas seulement des degrés, elle a des faces diverses, et par conséquent la question du meillenr gouvernement possible est une question insoluble *à priori*, parce que toujours le meilleur gouvernement tient à la fois et aux principes et aux circonstances. La philosophie ne s'occupe donc pas de l'organisation sociale; elle ne peut que lui tracer son but et ses limites. Ramenons-la à ses objets véritables, et poursuivons nos recherches.

Ne point toucher à la liberté de nos semblables, telle est la loi morale, loi précise, rigoureuse, terrible dans ses résultats : car toute infraction nuisible aux autres est nuisible à l'agent, et le précipite dans l'avilissement et dans la misère. En un mot, s'abstenir, comme dit le stoïcien, voilà la loi. Quand l'homme a rempli cette loi, nul n'a rien à lui dire. Mais, a-t-il accompli toute sa destinée? A-t-il atteint les dernières limites de la beauté morale?

Quand les patriotes de l'antiquité, non contents de ne pas attenter à la liberté d'autrui et de défendre la leur, entraient sur la scène du monde pour défendre la liberté de leurs concitoyens menacés, que faisaient-ils? Ils ne s'abstenaient pas seulement, ils agissaient; ils ne se conformaient pas seulement à la loi qui dit : Ne blesse pas la liberté des autres; ils faisaient plus, ils se portaient eux-mêmes défenseurs de cette liberté. Décius aurait accompli la loi, s'il fût mort au milieu de ses concitoyens sans avoir nui à aucun d'eux; il fit plus, il se précipita dans l'abîme pour sauver sa patrie. Je pourrais prendre des exemples plus récents, entre autres le dévouement du chevalier d'Assas. Je pourrais même les prendre sur des théâtres moins éclatants, où l'instinct moral fait souvent naître un héroïsme d'autant plus pur, qu'il est plus obscur. La loi dont je vous ai parlé est certaine ; mais ce qui n'est pas moins certain, c'est que les exemples que je viens de citer, sans être contraires à cette loi, lui sont supérieurs et la dépassent, et qu'ils sont proclamés par le genre humain tout entier comme des actes de la vertu la plus sublime.

L'homme est obligé d'être désintéressé et de ne pas imposer sa force aux libertés qui valent la sienne. Mais, dans certains cas, un instinct supérieur à la loi, qui ne souffre aucune formule, aucune définition, dépasse les limites de la loi, et s'élance du désintéressement au dévouement.

Cette distinction est grave, et il est impossible de la bien faire comprendre dans une première leçon. Qu'il vous suffise de savoir que désintéressement et dévouement sont deux choses qui se

tiennent sans doute, mais qui diffèrent essentiellement, dont l'une se définit, dont l'autre se refuse à toute formule. Voulez-vous une marque
éclatante de cette différence? Quand un homme
a désobéi à cette loi qui l'oblige au respect de la
liberté d'autrui, la société ébranlée a le droit de
prendre des mesures efficaces contre lui : la loi du
respect de la liberté emporte une idée de contrainte. Loin de là, la loi du dévouement n'admet
aucune contrainte. Nulle loi humaine ne pouvait
obliger Décius à se dévouer, nulle loi humaine ne
condamne à l'héroïsme ; mais le genre humain a
des couronnes et des autels pour les héros. (Applaudissements.)

Le dévouement est en quelque sorte le superflu, le luxe de la morale ; le désintéressement, la
probité, la justice, est la morale obligatoire par
excellence : c'est celle-là qui est l'objet du droit
proprement dit.

Quel est donc cet instinct, quelle est cette loi
supérieure à toutes les lois écrites, à toutes les dé-
finitions, à toutes les formes rigoureuses du devoir, que tout le monde peut et doit reconnaître
et appliquer ? Cette loi se manifeste par un cri de
la conscience : voilà toute sa promulgation. Elle
est si pure, si immédiate, qu'on l'aperçoit à peine ;
ce n'est souvent qu'après l'action, et en y réflé-

chissant, qu'on sent avoir été inspiré par quelque chose de plus grand encore que la liberté; c'est le souffle divin qui pénètre l'âme et l'élève au-dessus des lois ordinaires :

Est Deus in nobis : agitante calescimus illo.

Cette morale supérieure n'admet pas de formule, ne tombe pas sous la science qui la reconnaît et s'humilie devant elle, tandis qu'elle s'occupe surtout de cette autre partie de la morale dont on peut donner, dont je vous ai donné la définition positive. Celle-ci a des lois, des principes dont on tire des conséquences qui obligent sur les bords du Gange comme sur ceux de la Seine. L'instinct au contraire n'a pas de loi : ce serait une faute, ce serait comme une oppression envers l'instinct moral que de le mettre sous certaine forme, et de le rendre obligatoire. Toutes les sociétés représentées par leur gouvernement ont le droit de faire passer en loi ce que j'ai appelé spécialement la morale sociale; il leur est interdit de s'occuper de la morale supérieure, parce que commander à l'instinct, c'est l'anéantir.

Les deux parties de la morale que je viens de vous esquisser seront les objets de nos méditations pendant toute l'année. Vous verrez comment les moralistes les plus élevés, pour avoir confondu ces deux morales, ont voulu donner des formules à l'enthousiasme, ou bien ont prétendu que l'espèce humaine était condamnée à n'avoir pas de lois fixes. Ils ne seraient pas tombés dans cette erreur, s'ils eussent distingué la loi de la liberté d'avec la loi de la raison pure, si vous me permettez de me servir de cette expression.

Il me reste à vous dire un mot de ce qui a été jusqu'ici la morale positive, et à vous faire connaître comment les lois humaines l'ont jusqu'ici interprétée.

Les droits et les devoirs de l'homme social, dont la déclaration est moderne, sont tellement antiques qu'ils n'ont jamais été prescrits. J'ai besoin de faire cette profession de foi en l'honneur de l'humanité. Aussitôt que l'homme s'est connu, il s'est connu comme un être libre, et il s'est respecté; il s'est mis au-dessus des choses, et il a su qu'il s'avilirait soit en violant la liberté d'autrui, soit en laissant violer la sienne. De tout temps la liberté a été connue et honorée, mais plus ou moins, et toujours partiellement. Tel droit éclairait déjà l'espèce humaine quand tel autre était encore dans l'obscurité. La sainte liberté ne découvre pas d'abord toute sa face; elle ne lève que successivement ses voiles; mais le peu qu'elle montre d'elle, sans la révéler tout entière, suffit à l'homme pour ennoblir son existence, et lui donner la conviction intime qu'il vaut mieux que ce monde physique dans lequel il se trouve jeté.

Le vrai monde de l'homme est celui de la liberté, et sa vraie histoire n'est autre chose que le développement progressif de la liberté, toujours plus comprise d'âge en âge, toujours s'étendant dans la pensée de l'homme, jusqu'à ce que, d'époque en époque, arrive celle où tous les droits soient connus et respectés, et où l'essence même et en quelque sorte la totalité de la liberté se manifeste.

L'histoire n'est pas plus arbitraire que ce monde et que l'humanité dont elle est le développement régulier.

L'existence de l'humanité est sérieuse, et parce qu'elle est sérieuse, elle a ses lois, et parce qu'elle a ses lois, elle a ses progrès, c'est-à-dire que successivement l'histoire réalise la société idéale dont je vous ai entretenus. Cette société idéale se combine avec toutes les circonstances ; elle ne se réalise jamais d'une manière pure et absolue ; car en se réalisant elle s'altère ; mais, tout altérée qu'elle est dans la réalité, elle retient pourtant quelque chose de respectable et de grand, parce que les circonstances qui la réalisent la dégradent plus ou moins, mais sans l'étouffer entièrement.

Longtemps l'humanité se repose dans telle forme de la liberté qui lui suffit. Cette forme ne s'établit qu'autant qu'elle convient à l'état de l'humanité. Il n'y a pas d'oppression, même dans les époques qui nous paraissent aujourd'hui les plus opprimées; car ces époques, après tout, n'ont lieu que par le consentement tacite de ceux qui s'y rencontrent. Les hommes ne veulent pas plus de liberté qu'ils n'en connaissent; et c'est sur l'ignorance, et non sur la servilité, que sont fondés tous les despotismes. Ainsi, sans parler de l'époque orientale où l'homme enfant avait à peine le sentiment de son être, c'est-à-dire de la liberté; dans l'époque grecque, époque de la jeunesse du monde, où commença à se développer librement l'humanité, la liberté naissante était bien faible encore; partielle et bornée, elle suffisait au monde, puisqu'il n'en demandait pas davantage. Mais comme il est de l'essence de toute chose imparfaite de tendre à se perfectionner, toute forme partielle n'a qu'un temps, et fait place à une forme plus générale, qui, tout en détruisant la première, en développe l'esprit; car le mal seul périt, le bien reste et fait sa route. Le moyen-âge, où l'esclavage antique disparaît devant l'Évangile , le moyen-âge a possédé une forme de liberté plus étendue que la forme grecque, et qui pourtant aujourd'hui nous paraît oppressive, parce que, l'esprit humain n'étant plus satisfait des libertés dont il jouissait au moyen-âge, vouloir le renfermer dans l'enceinte de ces libertés qui ne lui suffisent plus, est une véritable oppression; mais la preuve que le genre humain ne se trouvait pas opprimé dans le moyen-âge, c'est qu'il ne lutta pas contre les pouvoirs qui le représentaient. Il n'y a pas plus de deux ou trois siècles que le moyen-âge a commencé à ne plus suffire et à peser à l'humanité. Aussi n'y a-t-il pas plus de deux ou trois siècles qu'il est ébranlé. Les formes de l'humanité, quand elles lui suffisent, sont inébranlables ; le premier téméraire qui ose y toucher se brise contre elles; mais quand une forme de la liberté est au-dessous de l'idée que le genre humain se fait de la liberté même; quand on conçoit, quand on veut plus de droits qu'on n'en possède ; quand ce qui était un appui devient un fardeau ou un obstacle; quand enfin l'esprit de la liberté a quitté une forme, cette forme est vaine, et le premier qui met la main sur cette idole impuissante, abandonnée par le dieu qui l'animait, l'abat du premier coup et la réduit en poudre.

Ainsi va le genre humain de forme en forme, de renouvellement en renouvellement, de révolution en révolution, ne marchant que sur des ruines, mais marchant toujours. Le genre humain, comme l'univers, ne marche à la vie que par la mort; mais cette mort n'est qu'apparente, puisqu'elle renferme le germe d'une vie meilleure. Les différentes crises de l'histoire, considérées de cette manière, cessent de consterner l'ami de l'humanité et d'effrayer sa prévoyance, parce qu'au-delà de la destruction apparente il aperçoit la vie. Rien ne vit que par la mort, rien ne meurt que pour la vie.

Les crises de l'humanité s'annoncent par de tristes symptômes et de sinistres phénomènes. Les peuples qui ont quitté leur forme ancienne manquent de principes et de base, aspirent à une forme nouvelle qui leur paraît meilleure que la forme passée, mais qui est bien moins distincte à leurs yeux, et qui les agite bien plus qu'elle ne les console par les vagues espérances qu'elle leur donne, et les perspectives ardentes et sombres qu'elle leur découvre. C'est surtout le côté négatif des choses qui est clair; le côté positif est toujours obscur. Le passé qu'on rejette est distinct, l'avenir qu'on invoque est couvert de ténèbres. De là ces troubles de l'âme qui souvent aboutissent dans quelques individus au scepticisme. Contre le trouble ou le scepticisme, il n'y a qu'un asile, c'est la véritable morale, l'intelligence de la vraie liberté, la vue claire et distincte de la vraie société dans son éternel idéal.

Oui, il y a une société éternelle, quelle que soit la forme que doit revêtir cette société. On cherche ce qu'elle sera? cherchez plutôt ce qu'elle doit être; attachez-vous aux devoirs qui ne passent pas, avec cette forte conviction que ce qui ne passe pas, ce qui ne peut périr, aura son triomphe inévitable. Ici est un accord intime et profond de l'esprit patriotique avec l'esprit de la science. L'esprit patriotique aspire à un avenir nouveau; la science ne s'occupe ni du passé ni du présent, elle s'occupe de ce qui est éternel. Or, la liberté est éternelle. Les formes passent, la liberté ne passe pas. Les formes passées le sont sans retour, elles ne reviendront plus; la forme future, par la loi imprescriptible et immuable de la perfection progressive, sera meilleure que toutes les autres. Là est la consolation, l'espérance, la foi du philosophe.

Jeunes gens qui suivez ces leçons, sachez que l'esprit patriotique sans la science n'est qu'un mouvement, honorable encore, mais inquiet et périlleux, qui trouble à la fois et le monde et les individus. La science, en donnant à l'esprit patriotique une base immuable, le rend énergique sans inquiétude, actif sans agitation. Le but de ce cours est la science. Je vous enseigne, ou plutôt j'essaie de vous enseigner, comme Platon mon maître, ce qui ne passe pas. Tout ce qui pourrait passer ne tombe pas dans ces leçons. Je ne veux rien vous apprendre aujourd'hui que demain vous soyez condamnés à désapprendre. La science seule a pour objet ce qui est absolu et invariable ; et ce qu'il y a d'absolu et d'invariable dans la matière qui nous occupe, c'est le respect sans bornes que la liberté d'un homme doit avoir pour celle d'un autre homme, respect admirable, qui engendre à la fois dans l'âme et dans le monde la justice et la paix, c'est-à-dire l'ordre.

IIe LEÇON.

Théorie de la méthode. — Énumération de toutes les questions
que comprend le problème des devoirs et des droits. — Question morale, question religieuse, question naturelle, question
psychologique. — Ordre dans lequel ces diverses questions
doivent être traitées : 1° question psychologique ; 2° question
naturelle ; 3° question religieuse ; 4° question morale.

Dans ma première leçon, je vous ai présenté
l'esquisse de la théorie qui m'a servi de *criterium*
pour l'appréciation des doctrines morales du
xviiie siècle. Dans cette théorie, je vous ai montré
la loi morale sous deux formes bien distinctes,
comme loi de justice et comme loi de dévouement ;
comme loi de justice lorsqu'elle est prescrite, non
seulement par la conscience de l'individu, mais
encore par l'autorité de la loi écrite et le sentiment
moral de la société, et qu'elle apparaît dans la
morale publique comme une règle constante et
universelle de conduite ; comme loi de dévouement, lorsque, supérieure aux lois écrites et aux
jugements moraux de la société, elle illumine un
instant la conscience dans un héroïque effort de
vertu et s'en retire ensuite sans laisser une trace
qui puisse guider la volonté dans des cas ana-
logues, et sans jamais pouvoir être érigée en for-

mule d'obligation constante et uniforme. Mais il ne suffit pas que ces résultats soient vrais en eux-mêmes ; comme ils n'ont de valeur scientifique que par la méthode qui nous les a fournis, il importe de mettre cette méthode en lumière.

La loi morale est comprise tout entière dans ces deux mots, qui s'impliquent mutuellement, devoir et droit, toute règle de nos actions ne pouvant être que l'un ou l'autre de ces principes. Or, il est évident que le devoir et le droit ne sont pas des faits simples et primitifs. Nul n'a devoir s'il n'est libre et raisonnable ; nul n'a droit que sur les êtres capables de devoirs ; d'où il suit que le droit comme le devoir supposent la raison et la liberté. Il y a donc nécessité d'étudier la raison et la liberté, c'est-à-dire la nature intime de l'homme, avant de parler de ses devoirs et de ses droits.

Mais la nature humaine, pour être bien connue, même dans une seule de ses facultés, veut être prise dans toute son étendue. Toutes les facultés de notre être se développent simultanément et dans une étroite dépendance les unes des autres, en sorte qu'étudier isolément une faculté, c'est se condamner à ignorer et ses conditions de développement, et même ses propriétés particulières ; car la nature d'une faculté ne se révèle tout entière que dans son rapport avec d'autres. C'est ainsi que la raison se manifeste au sein de l'expérience, que la liberté se fait jour à travers la passion ; et comme ce n'est point une raison et une liberté abstraite qu'il s'agit de connaître, mais une raison et une liberté réelle et vivante, il est nécessaire d'embrasser l'ensemble de la vie intellectuelle et morale.

Et toutefois, ce n'est point encore là étudier l'homme tout entier. L'homme, tout en conservant invariablement les caractères essentiels de sa nature, change sans cesse selon les temps, les lieux, les circonstances ; ce qu'il est aujourd'hui, il ne l'était pas hier, il ne le sera plus demain. Ses idées, ses sentiments, ses actes subissent des transformations dont l'histoire fait une partie intéressante de la science psychologique.

- D'un autre côté, s'il faut étudier chaque faculté au sein de la nature humaine, il n'est pas moins nécessaire d'étudier l'homme au sein de la vie universelle ; car, de même que les facultés dans l'âme, les êtres dans l'univers se développent dans une relation étroite les uns avec les autres. L'homme vit au sein de la nature et par la nature ; s'il s'en distingue, il y tient ; s'il n'y puise pas le principe même de sa vie, il y trouve la condition nécessaire de son développement ; si bien que c'est à la fois dans ce rapport et dans cette opposition, dans cette union et dans cette distinction, que se révèle sa nature, j'entends sa nature concrète et vivante.

Je ne veux pas dire que, par là même que tous les êtres de ce monde se rattachent les uns aux autres par les liens innombrables de l'harmonie universelle, il soit nécessaire à la science de l'homme de s'appuyer sur une étude complète et approfondie du monde. Non, ce n'est pas une analyse de la nature vue dans ses moindres détails qu'il lui faut ; c'est une synthèse qui en résume les grandes lois et les caractères généraux.

Enfin quand j'ai étudié l'homme dans ses rapports avec la nature, il me reste encore quelque chose à connaître. Au-dessus et au-delà de la nature et de l'homme est Dieu, principe, essence et fin de l'un et de l'autre, et qui, en vertu de ce rapport, les comprend et les explique. Sans Dieu, l'homme et la nature restent un mystère ; c'est à la lumière de la vérité suprême que l'homme se connaît et connaît la nature. Alors l'un et l'autre lui apparaissent dans toute la beauté et toute la grandeur de leur essence, transfigurés qu'ils sont par les rayons de cette divine lumière. En un mot, voir l'homme et la nature en eux-mêmes, n'est pas les comprendre ; pour cela, il faut les voir en Dieu.

Donnez-vous ici, messieurs, le spectacle de l'harmonie qui règne entre toutes choses. Nous n'avions soulevé qu'un problème, plein de grandeur il est vrai, et voilà qu'autour de ce problème viennent se presser toutes les questions dans lesquelles se résume la science universelle. Pour sonder les bases de la moralité humaine, il nous faut descendre dans la profondeur de notre nature, monter jusqu'à Dieu, parcourir l'univers entier. De même que nul individu ne subsiste que dans le système universel des êtres, et que ce système n'a lui-même d'existence qu'en Dieu, de même nulle science particulière n'est possible qu'au sein de la science générale, laquelle emprunte ses dernières explications à la science de Dieu. Et pourtant dans cette vaste énumération nous ne sommes pas sortis de la question morale. C'est toujours de l'homme qu'il s'agit, soit qu'on l'étudie dans sa destinée, ou dans sa nature, ou dans son principe, ou dans ses rapports avec le monde.

Mais il ne suffit pas d'énumérer tous les problèmes qui se rattachent à la question qui fait le sujet de ce cours ; il importe encore de déterminer l'ordre dans lequel ces problèmes doivent être résolus. J'ai à étudier tout ce qui peut faire l'objet de la science humaine : l'homme, la nature, Dieu. Par où commencerai-je ? Songez bien que là où il n'y a pas méthode, il peut y avoir vérité, mais que cette vérité ne saurait être légitimement admise. Or, le caractère propre de la méthode, c'est la nécessité logique présidant à toute recherche. Si vous entrez dans une voie sans vous être assuré d'avance, ou qu'elle est la seule praticable, ou qu'elle est la meilleure à suivre, vous tombez dans l'arbitraire, et l'arbitraire ne vous conduira jamais à la science, quelles que soient votre ardeur et votre génie. Et si, une fois entré dans la bonne voie, vous faites un pas qui n'ait sa raison, et sa raison supérieure, vous marcherez en aveugle, et, quoi que vous fassiez, vous n'arriverez point à la science.

Cela posé, commencerons-nous par Dieu? Cet ordre a été fréquemment suivi dans l'histoire de la philosophie, et, si, à défaut de méthode, les autorités suffisaient pour justifier tel ou tel procédé, je pourrais invoquer en faveur de cette marche les plus grands noms que la science ait à citer. Et il ne faut pas croire que cette méthode ait été purement arbitraire; elle n'aspirait pas à moins qu'à reproduire dans la science l'ordre même de la nature et de la vérité. Dans cet ordre, en effet, c'est le principe d'un être qui en explique la nature; c'est donc en Dieu qu'il faut chercher le dernier mot de la science de l'homme et de la science du monde, puisque le monde et l'homme sont des œuvres de Dieu, et que la nature, la destinée et la loi de ces œuvres ont leur dernière raison dans l'essence même de la cause qui les a produites. Cette méthode si profondément rationnelle en apparence n'a qu'un défaut, c'est d'être impraticable. Il serait beau sans doute de suivre dans le développement de la science, l'ordre même de la création; de poser Dieu en tête de toute recherche et de déduire de ses infinies perfections l'immense série des êtres créés, en reproduisant la loi qui a présidé à chaque acte divin. C'est là l'ordre vrai, l'ordre idéal, l'ordre dans lequel sans doute le regard de Dieu embrasse le monde. Mais à coup sûr il n'a pas été donné à l'homme de connaître les choses dans cette sublime synthèse. Dans la science humaine, Dieu ne se pose pas par une conception de la raison pure de toute expérience, le monde ne se construit pas par une déduction géométrique. Notre esprit conçoit Dieu *a priori*, cela est vrai; ce qui veut dire qu'il ne le déduit ni ne l'induit de l'expérience; mais il ne le conçoit pas sans le secours de l'observation. C'est le Dieu du monde et de l'humanité qu'il lui est donné de connaître; voilà pourquoi il n'arrive à Dieu que par l'homme et la nature. Quant à la science de l'homme et de la nature, si elle est en soi logiquement contenue dans la science de Dieu, elle n'y est pas pour l'homme qui, par cela même qu'il n'embrasse pas la nature divine dans toute son étendue et ne la pénètre pas dans toute sa profondeur, est dans l'impuissance d'en déduire tout ce qu'elle contient et tout ce qu'elle produit dans l'expansion incessante de son inépuisable fécondité. Pour que l'esprit connaisse et l'homme et la nature, il faut qu'il regarde autre part qu'en Dieu; il faut qu'il regarde au fond de la nature et de l'homme. La série infinie des êtres qui composent ce vaste univers, les rapports qui les unissent, les lois qui les gouvernent dans leurs mouvements sont des faits qui ne peuvent êtres ni déduits, ni induits, ni conçus *a priori*, ni devinés d'aucune manière; ils ne se révèlent qu'à l'observation. Vous voyez donc que, d'une part, la science de Dieu présuppose la science de l'homme et de la nature, et de l'autre, que ces deux dernières sciences sont indépendantes de toute recherche sur Dieu. D'où il suit que c'est par la nature et l'homme, et non pas par Dieu, qu'il faut débuter.

Maintenant, dans ce vaste univers où j'ai dû m'enfermer, par où commencerai-je, décidé que je suis à ne pas commencer arbitrairement? assailli par une foule d'objets qui sollicitent mon attention, auquel m'adresserai-je d'abord? que si je veux prendre pour point de départ de mes études sur le monde un être quelconque autre que l'homme, que cet être soit une pierre, une plante ou un animal, il faut que je me demande d'abord s'il y a nécessité ou tout au moins raison supérieure de commencer ainsi. Jusqu'à la réponse, je dois tenir ce début pour illégitime ; car c'est la méthode qui fait toute la valeur scientifique du résultat. Or, la méthode veut que je ne procède point au hasard, que je ne choisisse un point de départ qu'autant que la logique me défendra d'en prendre un autre, en sorte que je ne marche qu'enchaîné par une nécessité absolue. Ai-je donc une raison suffisante de commencer par l'étude de la nature? Je pourrais débuter, ce semble, par l'étude des êtres inorganiques ; c'est une méthode qui a ses partisans. La nature, disent-ils, se compose d'un certain nombre de règnes différents. Ces différences bien comprises nous montrent la nature parcourant un ordre hiérarchique, une véritable échelle ascendante dont chaque règne forme un degré, manifestant successivement toutes les puissances qu'elle recèle dans son sein, force mécanique dans la pierre, force végétale dans la plante, force vitale dans l'animal, se transformant ainsi de règne en règne par le développement d'attributs nouveaux et supérieurs, et s'élevant de progrès en progrès, de l'existence passive à la vie, de la vie au sentiment, du sentiment à la pensée et à la volonté. N'y aurait-il pas une raison de procéder comme la nature qui va du simple au composé, et d'étudier d'abord les phénomènes de la simple existence, puis ceux de la vie, puis ceux du sentiment, puis ceux de la pensée? En suivant cette méthode, l'étude de la nature serait une admirable introduction. L'homme, en tant qu'il contient et résume dans sa forte et indivisible unité les puissances éparses dans l'immensité de l'espace, est la synthèse de la nature; d'un autre côté, la nature, en tant qu'elle déploie sur un immense théâtre ces mêmes puissances qui se concentrent dans l'humanité, peut être considérée comme l'analyse de l'homme. Si donc la nature peut être connue dans l'homme qui la résume, l'homme aussi peut être vu dans la nature qui le développe, et comme d'ailleurs l'analyse est plus simple que la synthèse, il semble que la méthode exige que la science aille de la nature à l'homme. Oui, sans doute, cette méthode serait excellente si l'homme n'était qu'un abrégé de l'univers. Il le résume, je le reconnais, mais ce résumé ne fait pas tout son être. L'homme n'est pas seulement ce qui vit et ce qui sent; il est aussi ce qui pense et ce qui veut. Tandis que le mouvement et la sensation sont les attributs de la nature, la volonté et la pensée sont les attributs d'une puissance supérieure à la nature, qu'on l'appelle âme ou esprit. L'homme réduit à n'être que la synthèse de l'univers, c'est l'homme de la physiologie, ce n'est que l'animal dans l'homme. Or, entre ces deux êtres, il y a un abîme; et c'est ce qui fait que quand la science serait arrivée par l'histoire naturelle à connaître toutes les puissances de la vie animale, elle n'aurait pas encore touché à l'homme proprement dit. Il est donc impossible de savoir l'homme par la nature, l'intérieur par l'extérieur, l'esprit par la matière. Mais d'un autre côté toute science qui ignore l'esprit se condamne à ignorer ou du moins à mal connaître toute chose; car l'esprit est le vrai sujet et le vrai principe de toute connaissance, aussi bien de celle qui se rapporte à la nature que de toute autre. Je veux étudier cette pierre, ou cette plante, ou cet animal; qui étudie? est-ce le sens ou l'esprit? c'est l'esprit; le sens n'est ici qu'instrument. Mais puisque c'est l'esprit qui connaît, ne faut-il pas qu'il soit connu lui-même, avant que je songe à connaître quoi que ce soit? si je ne connais pas mon esprit, si je ne sais quelle en est la nature, quelles en sont les lois, les conditions de développement, les limites, comment saurai-je s'il est capable ou non de connaître, et dans le cas où sa capacité pourrait être mise en doute, de quelle manière il arrive à la vérité et de quelle manière à l'erreur? Qu'on ne dise pas que, par cela même que l'esprit connaît, il peut connaître; car la question est précisément de savoir s'il peut légitimement connaître. Pour ceux qui comme nous ont foi dans l'œuvre de la science, comme pour les sceptiques, c'est une nécessité de démontrer d'avance la légitimité de la croyance. Il faut donc commencer par l'étude de l'esprit.

L'esprit ne se devine ni ne se conçoit *à priori* ; il s'observe par la conscience. Mais la conscience ne nous révèle que des actes ; elle ne pénètre point dans les mystères de la substance spirituelle ; elle ne nous montre que l'esprit en action. Or, l'esprit n'agit que sous l'impression de causes qui lui sont étrangères ; il ne s'agite pas dans le vide : si la présence d'un objet ne le provoquait au développement, il ne sortirait pas des profondeurs de son essence. Un objet, une cause distincte de l'esprit est toujours la condition de son action. Voilà donc la nature, voilà Dieu lui-même qui rentre dans la sphère de l'esprit : c'est là un point d'une grande difficulté. Nous avons exclu la nature, nous avons exclu Dieu de nos recherches préliminaires; nous avons démontré la nécessité de débuter par l'étude de la pensée, et voilà que la nature et Dieu se retrouvent dans cette même pensée ! Que faire ? Kant a tracé la vraie méthode à suivre dans l'étude de l'esprit, en séparant sévèrement ce qu'il

appelle la forme d'avec la matière de la connaissance. Quand on veut connaître la nature intime
de l'esprit, ses lois, ses formes, il faut, tout en l'é-
tudiant en action, faire abstraction de l'objet et ne
voir dans la pensée qu'un acte pur de l'esprit.
Alors dans cet acte on retrouvera les puissances
ou facultés de l'esprit, ses lois, ses formes indépendantes des objets, sa nature enfin. Entendue
ainsi l'étude de l'esprit n'en suppose aucune autre ;
elle devient au contraire la condition et le principe de toute recherche.

Je résume ces longs mais indispensables préliminaires de méthode. Le sujet de nos travaux
est une théorie scientifique des devoirs et des
droits. La science des devoirs et des droits suppose que l'on connaît la destinée de l'homme, sa
nature, son principe et ses rapports avec le monde.
Question morale, question psychologique, question religieuse, question d'histoire naturelle, voilà
tout ce que renferme le problème qui fait le sujet
de nos méditations. Mais dans quel ordre ces
questions doivent-elles être abordées ? Il est évident, d'après tout ce qui a été dit, que, pour définir les devoirs et les droits de l'homme, il faut
avoir compris sa destinée, laquelle ne peut être
cherchée que dans son essence ; mais cette essence
se révèle non seulement dans les facultés ou puis-

sances qui lui sont propres, mais encore dans ses
rapports et ses différences vis-à-vis de la nature.
De là la nécessité d'étudier l'homme d'abord dans
son principe intime et essentiel qui est l'esprit,
puis dans la nature. Cela fait, il reste à connaître
son origine; c'est là le dernier objet d'étude. Parvenue à ce terme, la science n'a plus qu'à en descendre pour retrouver le problème des droits et des
devoirs, problème qu'elle est désormais en mesure
de résoudre, puisqu'elle a toutes les données nécessaires à la solution.

IIIe LEÇON.

Dans ma dernière leçon, j'ai essayé de prouver que le seul point de départ légitime de la science, c'est l'homme, et dans l'homme l'esprit et la pensée. Je l'ai prouvé en montrant que la science ne peut remonter au-delà de la pensée; que chercher quelque chose qui soit en dehors, c'est tenter de sortir de la pensée par la pensée elle-même et tomber dans un cercle vicieux manifeste. Cela posé, il ne nous reste plus qu'à commencer l'étude de l'esprit. Mais cette étude est-elle possible? Toute étude suppose la distinction du sujet et de l'objet. Or ici l'identité nécessaire des deux termes n'est-elle pas un obstacle invincible à la science de l'esprit? L'objection serait fondée si l'esprit qui observe était absolument le même que l'esprit observé; mais le véritable objet d'étude, ce n'est pas l'esprit en tant que faculté, cause ou puissance, c'est l'esprit en acte, l'esprit en tant qu'il se manifeste ou plutôt qu'il s'est manifesté. C'est donc dans ses actes qu'il faut chercher la nature de l'esprit.

Maintenant est-il nécessaire pour le but que je me propose de connaître tous les actes de l'esprit? Comme ces actes sont en nombre infini et qu'il n'y en a pas deux qui soient absolument identiques, s'il fallait observer les moindres différences, la science de l'esprit serait impossible. Mais l'observation n'est point soumise à cette nécessité; elle néglige les différences accidentelles pour ne s'attacher qu'aux différences essentielles et profondes; elle ne constate que les grands faits, parce que ce n'est pas tel ou tel esprit qu'il lui faut connaître, mais l'esprit humain lui-même, considéré dans son essence générale. Je n'étudierai donc pas telle ou telle pensée; car alors je n'arriverais qu'aux lois qui gouvernent cette pensée, à des lois singulières et contingentes comme elle. Je veux découvrir la loi de toute la pensée; c'est pour cela que j'étudierai l'essence même de la pensée, que j'observerai ce qui dans toutes les pensées possibles caractérise les pensées les plus diverses. Or, cette méthode me permet de résumer toute la vie intellectuelle et morale dans trois grands faits, sentir, penser et vouloir. Un exemple vous montrera le caractère propre de chacun de ces faits.

Je me suppose étudiant les mathématiques; il est évident d'abord que sans mes organes je ne pourrais pas comprendre; car pour comprendre il faut avoir lu : c'est un fait incontestable que, tant que ma sensibilité n'est pas entrée dans un exercice quelconque, aucune connaissance, aucun acte n'est possible pour la pensée. Ceci s'applique à tous les actes de l'esprit: je ne puis penser, je ne puis vouloir sans la sensibilité; car alors ma volonté et ma pensée n'auraient pas de matière. Il est bien vrai que, lorsqu'à la suite de ma sensibilité, ma volonté est entrée en exercice, je puis réfléchir et vouloir indépendamment de toute sensation; mais toujours est-il que primitivement je n'aurais pu ni réfléchir ni vouloir si ma sensibilité n'eût été mise en jeu. La sensibilité est la condition de tout exercice intellectuel et volontaire; si je n'avais des organes, ce livre qui est devant ne m'apprendrait rien. L'esprit qui se distingue de la sensibilité, qui la méprise et qui la brave, comme on verra bientôt, ne saurait ici s'en passer.

Mais si je n'étais que sensible, y aurait-il là une condition suffisante pour comprendre? J'ai les yeux ouverts devant ce livre; des formes, des couleurs, des caractères frappent ma vue. Je puis lire. Mais si, pouvant lire, je ne le voulais pas; si je n'appliquais pas volontairement l'organe de la vue aux objets, si je ne regardais point, je ne lirais certainement pas. Il faut donc, pour que je perçoive des caractères, que non seulement j'aie des organes, mais que j'aie de plus la volonté d'en faire usage. Ainsi la sensibilité est nécessaire et avec elle la force d'attention ; la volonté, comme la sensation, est une condition de la connaissance.

Ces deux conditions ne suffisent point ; être volontaire et sensible, si je n'étais pas en outre un être intelligent, les conditions de la compréhension auraient été remplies, l'acte lui-même ne pourrait avoir lieu. Vouloir comprendre est un fait, comprendre en est un autre. Nul, sans vouloir étudier, ne peut devenir savant ; mais il en est beaucoup qui, avec la plus ferme volonté d'apprendre, avec une longue patience, ne parviennent point à savoir. Quand on a regardé et qu'on a vu, on s'est mis en mesure d'atteindre la vérité ; quant à la communication de la vérité et de l'esprit, elle est au-dessus de la sensibilité et de la volonté. Étudier n'est pas comprendre ; comparer n'est pas juger. Étudier et comparer ne sont que les conditions de l'aperception du vrai. Or, quand toutes ces conditions ont eu lieu, souvent la vérité ne jaillit pas encore. Qui n'a distingué par sa propre expérience les travaux patients, les efforts longs et pénibles qui préparent l'esprit à l'intuition du vrai, de cet instant radieux, pour ainsi dire, et rapide où l'échafaudage étant parvenu à son comble, l'esprit se trouve en face de la vérité et s'en reconnaît saisi? Ce n'est pas moi, c'est la vérité qui m'éclaire; ce n'est pas parce que je veux savoir que je sais, car je ne fais pas la vérité; et non seulement je ne la fais pas, mais je n'ai aucun empire sur elle; je ne lui commande pas comme à un esclave, je ne la force point de paraître devant moi; c'est elle au contraire qui s'impose à ma volonté; c'est elle qui me contraint de la reconnaître et de la sentir dans toute la force de son action; c'est moi, en un mot, qui suis son esclave.

Voilà trois faits bien distincts et pourtant unis entre eux. Mais ici, quelque intime que soit le rapport qui les unisse, l'analyse vient de nous montrer la sensation et la volonté se produisant dans une certaine indépendance de l'acte intellectuel. Maintenant je voudrais établir, par une analyse plus profonde, que la sensation, la pensée et la volonté sont entre elles dans une telle dépendance qu'aucun de ces faits ne saurait avoir lieu sans les deux autres. Si je parviens à ce résultat, j'aurai fait ressortir la rigoureuse unité de la vie intellectuelle et morale.

Quand l'esprit veut étudier ses actes, il ne risque

point d'observer ce qui n'est pas, mais il peut ne pas observer tout ce qui est. Surtout il est exposé à ne pas observer les faits tels qu'ils se passent, c'est-à-dire dans les rapports qu'ils soutiennent entre eux. Ici c'est le fait de conscience tout entier qu'il faut observer et avec tous les éléments qui le composent dans la vie réelle. Si on en néglige un seul, ce n'est plus le fait réel qu'on atteint, c'est une abstraction. Quand on aurait décomposé le fait de conscience dans tous ses éléments, et qu'on aurait parfaitement étudié chacun d'eux, on ne connaîtrait pas pour cela le fait de conscience, sa réalité vivante; on n'aurait pas la science de la vie psychologique : on n'aurait qu'une science abstraite, qui serait à la science de la vie ce que l'anatomie est à la physiologie. Sans doute l'acte complexe de la vie étant donné, il faudra bien la briser et en abstraire les divers éléments pour porter la lumière dans cette complexité confuse; mais il ne faut pas oublier que le véritable objet d'observation est une réalité et non une abstraction; que cette réalité c'est le fait tout entier et non un de ses éléments, et qu'il faut bien prendre garde de traiter comme un acte réel et vivant ce qui n'a de réalité et de vie que dans l'ensemble et par l'ensemble. L'origine de tous les romans que la philosophie a imaginés pour rendre compte de la nature humaine n'est point, quoi qu'on en ait dit, une conception fantastique de l'esprit; car l'esprit n'est pas si facilement dupe de ses propres créations. L'observation est le point de départ de toutes les doctrines psychologiques vraies ou fausses. Malheureusement, si elle porte sur un élément abstrait de la réalité et non sur la réalité tout entière, elle ne peut fournir matière qu'à des inductions chimériques sur la nature de l'esprit et sur les conditions de son développement. Ainsi, quand on étudie l'esprit à l'état de sensation, de pensée, ou d'activité pure, on ne suppose pas un état imaginaire, mais un état abstrait; car on procède comme si, dans la vie réelle, la sensation, la pensée et l'activité se produisaient solitairement; c'est pour cela que je veux démontrer dès le début que dans le même acte l'esprit sent, pense et veut. Je prendrai pour faire ressortir cette intime connexion l'acte le plus vulgaire, la connaissance sensible. On serait tenté de croire, quand on n'y regarde pas de près, que cet acte se réduit à une pure sensation. Cela peut être vrai pour l'animal et pour l'enfant; mais dans l'homme le fait est tout autre chose. En même temps que je sens et que je perçois telle propriété de ce corps, couleur, odeur ou saveur, j'en conçois la substance. Et quand je dis que j'en conçois la substance, j'entends que cette conception est nécessairement et indissolublement liée à la perception des qualités, de telle sorte que substance et qualité sont deux termes corrélatifs qui se comprennent et se complètent l'un par l'autre. Et encore qui pourrait dire que mon esprit s'arrête là? Au-delà des qualités, au-delà de la substance elle-même qu'il conçoit comme finie, relative et contingente, n'est-il pas entraîné par une nécessité logique à penser à une substance infinie et absolue, principe de toutes les autres? Je crois que l'esprit conçoit nécessairement toute substance individuelle comme finie, qu'il conçoit non moins nécessairement une substance infinie à l'occasion de cette substance finie, et que borner l'acte intellectuel à la simple notion d'un sujet individuel sans regard à l'être universel, principe de toutes les existences particulières, c'est limiter arbitrairement l'essor nécessaire de l'esprit; mais quand il serait vrai qu'il s'arrête à la conception d'un sujet individuel, il n'en resterait pas moins démontré que la sensation ne va pas sans la pensée. Maintenant la pensée et la sensation sont-elles possibles sans l'activité? Je ne vais pas jusqu'à prétendre qu'au fond de toute pensée et même de toute sensation, il y a un acte de volonté; car il répugne au sens commun de croire (et l'expérience le défend) que nul ne pense et ne sent qu'autant qu'il veut. Mais l'erreur ici serait seulement de confondre l'activité avec le plus éminent de ses modes : la conscience nous atteste que l'esprit est actif, quoi qu'il fasse et quoi qu'il subisse, dans la sensation et dans la pensée aussi bien que dans la volonté; que la distinction, vraie d'ailleurs, de l'état actif et libre d'avec l'état passif et fatal ne fait que marquer les divers degrés d'une activité constante et universelle qui est le fond et en quelque sorte l'âme de tout fait de conscience. Le moi agit toujours : il agit tantôt sous l'impression et par l'excitation de causes extérieures, tantôt spontanément et en vertu de sa propre énergie; il ne peut pas ne pas agir, parce que pour lui l'immobilité et l'inertie seraient la mort et le néant. Je disais tout l'heure que l'activité est le fond et comme l'âme de tout fait de conscience. Et en effet l'activité n'est pas un simple accident des phénomènes ; elle n'en est même pas une condition nécessaire, mais extérieure comme la sensation ou la pensée ; elle en est le sujet et le principe.

Ce qui est vrai de la connaissance sensible, l'est à plus forte raison de tout autre fait de conscience. Prenez la conception la plus élevée, comme la notion la plus grossière, vous pourrez vous assurer facilement qu'elles supposent, l'une la raison comme loi, l'autre la sensibilité comme condition, toutes deux l'activité comme cause. Après les profondes observations de M. de Biran sur le rôle de l'activité dans tout fait de conscience, après les rigoureuses analyses de Kant sur le rapport de la sensibilité et de l'entendement dans toute connaissance, il n'y a plus à démontrer l'intime connexion de la sensibilité et de l'activité d'une part, de la sensibilité et de la raison de l'autre, et par suite l'admirable unité de la vie psychologique. Ce n'est donc pas, à parler rigoureusement, dans trois faits que se résume la conscience tout entière, ainsi qu'on l'a dit, c'est dans un fait unique, mais complexe, dont la sensation, la pensée et l'activité sont les éléments intégrants. Cherchez un acte de la vie psychologique, j'entends un acte réel et non une abstraction, et je vous défie de n'y pas trouver à la fois sensation, pensée, activité. Je sais bien que vous pouvez abstraire pour mieux observer; mais je dis que votre abstraction ne répond point à la nature des choses; que, quand vous parlez de simple sensation, ou de pensée, ou de volition pure, vous ne songez pas que ce sont là les fragments de la réalité vivante que vous avez brisée pour pouvoir vous y reconnaître. Il n'y a point de sensation pure, ni de pure pensée, ni de pure volition; il y a un acte complexe qui est toujours sensation, pensée et activité. Ces éléments d'une indivisible réalité n'existent que dans notre souvenir. Si quelquefois la réalité paraît se prêter à cette abstraction, c'est que la prédominance d'un élément dans le fait de conscience tend à effacer les deux autres. Ainsi, dans certaines perceptions, l'action de la volonté est faible; dans telles conceptions, la trace de la sensibilité est légère; dans beaucoup de manifestations de l'activité, notamment de l'activité volontaire, la pensée et la sensation n'apparaissent pas comme condition immédiate du fait. Mais une analyse attentive et étendue retrouvera partout les trois éléments de la vie psychologique.

Nous connaissons l'esprit par son acte; est-ce qu'il ne nous reste plus rien à savoir sur l'esprit? Je vois bien que cet acte est sensation, pensée et activité; mais l'esprit lui-même est-il également sensation, pensée et activité? ou bien est-ce plus particulièrement l'un de ces trois éléments qui en constitue l'essence? et dans cette hypothèse, quel est cet élément? Sur ce mystère il faut interroger la conscience. En général, on nous semble avoir mal compris la nature, la fonction et les limites de cette faculté. La conscience n'est pas simplement la connaissance de tous les actes qui se produisent en nous; car cette connaissance est identique aux actes eux-mêmes. Sentir et savoir qu'on sent, penser et savoir qu'on pense, vouloir et savoir qu'on veut, n'est-ce pas une seule et même chose? Entendue de cette façon, la conscience se confond absolument avec l'activité, avec la sensibilité, avec toutes les facultés du moi, et n'est point une faculté *sui generis*. Mais la vraie conscience est tout autre chose ; ce n'est pas une connaissance générale de chaque fait de conscience, c'est dans chaque fait le sentiment intime et profond de l'action du moi. *Conscience* veut dire connaissance intime, connaissance dont l'objet propre est le moi et tout ce qui en vient. C'est appauvrir la langue philosophique que de confondre le savoir et la conscience. On peut dire : j'ai conscience de ma volonté, de ma sensation, de ma pensée, parce que tous ces faits sont des actes du moi; mais on ne pourrait pas dire : j'ai conscience d'un objet étranger à moi, j'ai conscience de Dieu ou de la nature ; l'objet de la conscience est donc toujours ou le moi, ou un acte du moi, ou quoi que ce soit qui a son origine dans le moi. On dit bien la conscience d'une sensation, si on considère cette sensation par rapport à son sujet, comme fait du moi; on ne pourrait pas le dire, si on la considérait par rapport à son objet ou à sa cause extérieure. Dans tout fait de la vie psychologique, je n'ai jamais conscience que de moi, c'est-à-dire de mon activité, de ma causalité, de ma liberté, de mes facultés. Voilà ce qui fait que la conscience atteint directement la nature intime du moi; à vrai dire, en tout fait, elle n'atteint que cela.

C'est donc la conscience qui me révèle la nature de mon esprit; mais comment me la révèle-t-elle? Tout acte de la vie psychologique suppose deux termes, un sujet et un objet, un principe interne et une condition extérieure, un moi et un non-moi. C'est l'opposition de ces deux termes qui détermine le sentiment du moi, de son activité, de sa causalité. Si l'esprit ne rencontrait pas dans l'expansion de son énergie la résistance des causes extérieures, il serait actif sans le sentir. Il y a plus, il serait sans avoir conscience de son être. Le moi se surprend et se saisit dans son opposition avec le non-moi. Il se surprend et se saisit, ai-je dit, mais il ne se pose pas encore, tant qu'il est en rapport avec quelque chose qui n'est pas lui; tant que, par un effort de réflexion, il ne s'est pas replié sur lui-même, il ne se connaît pas tel qu'il est. Pour qu'il se connaisse ainsi, il faut qu'il se dégage de tout contact avec les causes extérieures et qu'il se recueille et se pose lui-même comme objet de son intuition. C'est alors qu'un phénomène tout intérieur se produit dans lequel le moi s'objective, se redouble, et puise par là même le sentiment profond de sa personnalité. Jusque là l'esprit avait bien une vague conscience de son être, puisqu'il ne vit pas sans se sentir quelque peu vivre. Mais en ce moment il fait mieux que se sentir exister, il se connaît et se possède pleinement.

Maintenant la question que je me suis posée tout à l'heure est facile à résoudre. Parmi les trois éléments de l'acte psychologique, quel est celui qui constitue plus particulièrement la nature de l'esprit? Je réponds : C'est l'activité; car jamais dans l'acte complexe, je n'ai conscience que de cet élément. Je n'ai conscience ni de l'objet de la sensation, ni de l'objet de la pensée; je n'ai conscience que de l'énergie interne et spontanée qui fait que du rapport du non-moi avec le moi il résulte une sensation ou une pensée. C'est donc l'activité qui constitue l'essence de l'esprit et l'unité de la vie psychologique.

IVᵉ LEÇON.

J'ai dû jusqu'ici considérer les phénomènes de la vie psychologique en eux-mêmes et sans sortir des limites de la conscience. Je vais maintenant essayer, tout en restant fidèle à la méthode que je me suis imposée, de remonter aux principes externes de ces phénomènes. Le problème toutefois est d'un caractère nouveau. Si les faits observés jusqu'ici étaient dans la conscience, les principes que je recherche sont hors de la conscience ; l'observation suffisait à la connaissance des premiers ; l'induction seule, aidée de l'observation, peut atteindre les seconds. C'est donc une question plus difficile et plus hardie que je me propose de résoudre. Voilà pourquoi il importe, avant de l'aborder, de faire connaître dans quel but je l'entreprends. Le véritable objet de ces leçons n'est pas une théorie psychologique, mais une théorie morale. C'est la question du devoir qui m'a conduit au problème de la destinée de l'homme; c'est pour connaître la destinée de l'homme que j'ai dû étudier sa nature. Or, pour le but que je me propose, il ne me suffit pas d'avoir décomposé la conscience, d'avoir énuméré et caractérisé tous les éléments qui la composent et d'avoir montré le jeu de chacun dans l'unité de la vie psychologique. Il faut, en outre, que je détermine la valeur morale de ces trois éléments dans leur rapport avec la question morale; il faut que je sache où est la supériorité, où l'infériorité, et quelle hiérarchie ces facultés diverses forment entre elles.

La conscience, qui ne me trompe jamais, me dit que vouloir est plus noble que sentir. Le sentiment de ma volonté, même sans but, entraînant avec lui l'idée de puissance et de force, m'inspire une certaine estime pour ma nature, tandis que la conscience de ma sensation, ainsi que des désirs et des passions qui la suivent, m'est toujours plus ou moins un témoignage de faiblesse, de misère et de honte. Mais c'est le sentiment de ma pensée, de ma pensée s'élevant dans les sublimes régions de l'idéal et de l'infini, qui me révèle toute la beauté et toute la grandeur de ma nature. Or, d'où vient ce sentiment de misère dans la sensation, de force dans la volonté, de grandeur dans la pensée? Quand il ne serait pas possible de l'expliquer par les principes d'une science supérieure à la psychologie, il n'en serait pas moins irrésistible, et il y aurait toujours lieu d'y chercher une révélation de notre destinée et de la loi qui doit gouverner notre activité. C'est en ce sens que la morale se suffit à elle-même et ne relève ni de la science de Dieu ni de la science du monde; car elle repose tout entière sur ce sentiment profond de la valeur morale des divers faits de notre nature, comme sur une base inébranlable, et quand même une science supérieure ne viendrait point rattacher ces faits à des principes qui soient en dehors du moi, ils n'en conserveraient pas moins leurs caractères. Je pourrais ne rien voir au-delà et au-dessus de ma conscience; ce qui ne m'empêcherait pas d'y lire toujours clairement ma destinée; car j'y trouverais que ma sensibilité est plus noble que ma volonté, et ma volonté moins haute que ma pensée; d'où je déduirais cette formule de conduite, que la sensibilité doit obéir à la volonté et la volonté à l'entendement. Mais alors il resterait un mystère à éclaircir. Pourquoi cette infériorité de la sensibilité? pourquoi cette supériorité de l'entendement? C'est ce mystère que la métaphysique, aidée de la psychologie, a pour objet d'expliquer, quand elle essaie de remonter aux principes externes des faits de conscience.

Je pose d'abord la question pour la sensation. Ce fait de conscience suppose-t-il un principe en dehors de la conscience, et quel est ce principe ? Tant que la question est de telle nature que l'observation et l'induction, j'entends une induction directe, suffisent pour la résoudre, il n'y a point de véritable difficulté. Ainsi il est clair, clair par le témoignage même de la conscience, que la sensation suppose un principe hors du moi ; car je sais bien, quand une sensation me survient, que je la subis, quoi que je fasse; si je la subis, ce n'est donc pas moi qui en suis la cause, puisque j'ai un empire absolu sur tous les actes dont je suis cause. Il est vrai que je puis écarter l'objet qui produit en moi la sensation; mais ma volonté, qui peut quelque chose sur l'objet, ne peut rien sur la sensation elle-même. Quand les conditions de sentir sont accomplies, la sensation survient et me frappe irrésistiblement. C'est ce fait qui me force de rattacher la sensation à un principe autre que moi, par une induction directe non moins sûre que l'observation. Mais maintenant quelle est la nature de ce principe? Ici je suis sur la limite extrême de la conscience ; je puis donc encore interroger l'expérience psychologique. Si je fais un pas de plus, j'entre dans le domaine de la psychologie. Quelle est la nature du principe de la sensation? me suis-je demandé. Je puis encore répondre que c'est une force, d'après le témoignage même des sens; car tout ce que je sens et je perçois, je le sens et le perçois comme solide, c'est-à-dire comme résistant; mais pour résister, il faut agir; pour agir, il faut être une cause, une force. Le principe de la sensation dans l'homme, je ne dis pas dans le moi, est donc une force. Maintenant est-ce une force du genre de celles qui se développent dans la pierre ou la plante? Évidemment non, puisque, seule de toutes les forces de la nature, elle vit et sent. Mais cette force vitale est-elle une ou multiple? est-elle distincte des organes ou se confond-elle avec eux? C'est là une question délicate que la physiologie seule peut résoudre; j'ajoute que c'est la question la plus difficile qu'elle se soit jamais posée. Tant qu'il ne s'est agi que de reconnaître l'existence des divers organes dont se compose le corps, et de déterminer la fonction de chacun dans l'économie générale de la vie physiologique, les naturalistes l'ont fait avec une grande précision. Mais quand il a fallu s'élever jusqu'à l'unité de la vie organique et voir quelle en est la cause, si c'est simplement l'harmonie qui résulte du jeu des

divers organes, ou bien s'il est nécessaire d'admettre un principe unique et distinct de l'appareil organique, qui soit lui-même la cause du jeu harmonique des fonctions et de l'unité de la vie organique, les plus grands physiologistes ont hésité. Et cela se conçoit; car la physiologie a comme les autres sciences sa partie visible et sa partie invisible. On voit les organes; mais on ne voit pas les causes qui agissent sous les organes. Or, ces causes qui ne se laissent point observer, constituent pourtant le fond des choses dont les phénomènes visibles et extérieurs ne forment que la surface. Si la pensée était enfermée dans les limites de l'observation, jamais elle n'irait aux causes, principes invisibles des choses; mais, à l'aide du raisonnement et de l'induction, elle s'élève du visible à l'invisible; elle juge de la nature des causes sur l'observation du phénomène. Par exemple, dans le problème qui nous occupe, si elle ne voit pas le principe même de la vie, elle a le sentiment intime et profond de l'unité de la vie. Et alors elle se demande s'il est possible que cette unité soit le résultat d'organes si divers, et si la raison ne conçoit pas nécessairement une cause distincte de tous les organes qui soit le principe de l'harmonie des fonctions et de l'unité de la vie. Ma conviction est que, sous ces organes si divers, il y a une force qui les fait agir et concourir à la vie; une force qui, lorsque l'exercice des fonctions a été troublé et interverti par des commotions extérieures ou des affections internes, rétablit plus ou moins l'harmonie des fonctions entre elles ou même le jeu de chaque fonction; une force qui a été reconnue de tout temps, bien qu'obscurément et sous des dénominations plus ou moins précises, âme appétitive pour Platon, âme sensitive pour Aristote, âme conservatrice ou médicatrice pour certains physiologistes plus modernes; une force enfin qu'on ne peut nier sans tomber dans ce grossier matérialisme qui ne voit dans le corps que des organes, ou sans se perdre dans ce spiritualisme subtil et chimérique qui confond le principe vital avec le principe même de la vie spirituelle. Un homme qui a été enlevé trop tôt à des études que lui-même regardait comme incomplètes, et qu'il pouvait seul achever, Cabanis, doué du sens physiologique à un haut degré, avait compris que les conditions de la vie n'en sont pas les causes. Après avoir examiné, comme les physiologistes ordinaires, la contexture et le mécanisme de chaque organe, sa fonction spéciale, comment l'un peut agir alors même que la fonction de l'autre est troublée ou défaille complètement, il a su s'élever par l'intelligence des rapports qui unissent les organes entre eux à l'unité de la vie organique et jusqu'au principe de cette unité. Personne avant lui n'a mieux montré pourquoi il y a déjà vie à l'âge où les organes à peine formés fonctionnent si faiblement; pourquoi il y a vie encore à cet autre âge où les organes affaiblis refusent de fonctionner; pourquoi enfin la vie se conserve dans ces terribles maladies où l'organe est déjà en dissolution. C'est que, sous la faiblesse des organes naissants comme sous la décrépitude des organes qui vont se dissoudre, se retrouve encore la force vitale pour soutenir l'enfant, pour ranimer le vieillard, pour sauver le malade en arrachant l'organe attaqué aux lois de la matière. Le génie médical est beaucoup plus dans l'intelligence des actes de cette force mystérieuse que dans la science régulière des effets organiques.

Voilà pour le principe de la sensibilité. Je vais rechercher, par une méthode analogue, le principe de la volonté. Mais ici la solution de la question est tout entière dans la psychologie. Quand je produis un acte de volonté, j'ai conscience que je le produis indépendamment de toute cause étrangère; car je sais que je pourrais le suspendre ou l'anéantir. Je ne puis donc songer à le rapporter à une cause autre que moi. Il y a un moyen infaillible de distinguer ce qui vient du moi et ce qui vient d'ailleurs, c'est la conscience, c'est-à-dire le sentiment intime de mon activité, et seulement de mon activité dans tous les faits de la vie psychologique. Je n'ai pas conscience de la sensation et de la pensée, à parler rigoureusement, mais de l'action du moi dans la sensation et la pensée. Je pourrais peut-être dire que le principe de cette activité, qui seule fait l'objet de la conscience, est le moi tout entier; mais à coup sûr, ce qu'on ne contestera pas, c'est que ce principe est inhérent au moi, et que, pour le rencontrer, il n'est pas besoin de sortir de la conscience.

Maintenant cette même conscience ne vous dit-elle pas qu'autre chose sont les actes de la force, autre chose la force qui les produit? Ne vous atteste-t-elle pas que le moi se distingue de ses actes, qu'il s'en distingue si bien qu'il s'en regarde comme une source inépuisable? Cela est certain; il se regarde comme une force qui peut, à volonté, anéantir ou reproduire ce qu'elle a fait, et qui ne le pourrait pas si elle n'était profondément distincte de tous les phénomènes qu'elle engendre. Pouvoir libre que je suis, j'exerce ma liberté d'une manière ou d'une autre, et alors même que je ne l'exerce pas, je sais que je suis encore maître de le faire. Ainsi, dans la défaillance, dans le sommeil absolu, il y a peu ou point de liberté. Cependant avant qu'il se livre au sommeil ou que la nature le plonge dans la défaillance, l'homme sait que, si certaines conditions organiques ne sont pas détruites, il retrouvera à son réveil la même force qu'il a exercée auparavant. Là est la différence des actes au principe, des formes de la force à la force même. La force qui, de sa nature, est une, absolue, universelle, en tombant dans le temps et dans l'espace, se multiplie, se limite et se localise; mais même alors elle conserve le sentiment d'une puissance virtuelle supérieure au temps, à l'espace et à toutes les conditions de la réalité. En résumé, l'expérience nous atteste deux faits relatifs au principe de nos actes : le sentiment de la force dans tel ou tel cas, et le sentiment de la force en elle-même.

Voilà donc la force distinguée de ses formes. Or, si j'examine ces formes, je trouve qu'elles se réduisent à deux. C'est un fait positif que, dans certains cas, avant de vouloir, je sais ce que je veux, j'ai pesé les motifs de ma détermination. C'est là vouloir et agir avec préméditation ou réflexion. Mais il n'est pas moins vrai que, dans d'autres cas, j'agis sans m'être proposé d'agir, et que ma volonté n'a pas attendu un jugement de ma raison pour se résoudre. C'est là vouloir et agir spontanément. Spontanéité et réflexion, telles sont les deux formes sous lesquelles le principe actif et volontaire se manifeste. Maintenant remarquez bien que le premier acte de la volonté n'a pu être prémédité ; car pour se dire à soi-même : Je ferai telle chose, avant de la faire, il faut savoir qu'on peut la faire. Or, comment le savoir, si on ne l'a déjà faite ? Il faut avoir fait acte de liberté pour savoir qu'on est libre ; et d'un autre côté, il faut savoir qu'on est libre pour prémé-diter une action quelconque. J'aurai occasion de revenir souvent sur ces deux formes de l'activité ; mais ce qui importe le plus ici, c'est de distin-guer le principe de ses formes. C'est pour n'avoir pas fait cette distinction qu'on est tombé dans d'interminables discussions sur la liberté ; car alors on n'a pas su reconnaître que dans un sens l'homme est libre et que dans un autre il ne l'est pas. Il n'est pas libre d'une manière absolue ; car cette force dont il est doué, une fois tombée dans le temps et dans l'espace, perd son caractère de liberté illimitée et absolue. Mais, pour être res-treinte, la liberté n'en existe pas moins dans ce cas. La liberté a bien des formes ; entre ces formes, soit réfléchies, soit spontanées, il y a des degrés infinis d'énergie. Mais, si vous prenez l'acte libre le plus énergique et le plus complet, vous verrez qu'il y a entre cet acte même et la liberté toute la distance du fini à l'infini. Nul acte n'est la réalisation absolue de la liberté ; nulle vie d'homme n'est une fidèle image de ce principe. Infini dans son essence, il est supérieur à tout acte, à toute vie, à toute nature humaine.

Mais enfin ce principe infini, qu'est-il en soi? pris dans sa manifestation, il constitue la nature intime du moi : considéré dans son infinie puissance, il en devient le type idéal. Quel nom faut-il lui donner? Ce principe est une force, même la force par excellence. Mais dans ce monde du mouvement et de la vie, dans ce monde où l'inertie de la matière n'est plus qu'une hypothèse absurde, la force n'est-elle pas partout? Il ne suffit donc pas de dire que le principe de nos actes libres est une force ; à cette force supérieure et vraiment merveilleuse il faut un autre nom. Quand l'être ne manifeste que des propriétés physiques ou mécaniques, il est une simple *force* ; quand il vit et qu'il sent, il est une *âme* ; quand il agit de manière à posséder et à gouverner ses mouvements, il est une *personne*. Et enfin, lorsque nous nous représentons la personne avec une infinie liberté, nous concevons alors *l'esprit* dans la pureté et la plénitude de son essence. Simple force, âme, personne, esprit, voilà non pas toutes les manifestations de l'être, mais au moins toutes les formes de l'activité depuis la plus humble jusqu'à la plus haute.

Il me reste à considérer la pensée dans son principe. Et d'abord a-t-elle un principe autre que le moi? c'est une question qu'il faut toujours se faire quand il s'agit d'un fait de conscience. Or il existe un criterium infaillible par lequel je puis reconnaître si le principe d'un fait de conscience est en moi ou hors de moi; c'est le sentiment de ma propre action sur ce fait. Ainsi un acte de volonté ne suppose pas d'autre cause que moi-même, par la raison que j'ai plein pouvoir sur cet acte; mais, au contraire, je suis forcé de reconnaître à une sensation une cause autre que moi-même, parce que je n'ai aucun pouvoir sur cette sensation. Ce criterium est infaillible; j'entends infaillible en tant qu'il s'applique aux faits de la nature humaine. En soi ce criterium ne serait pas rigoureux, car il pourrait arriver pour d'autres êtres que, bien que leurs actes ne fussent pas libres, pourtant ils n'eussent pas d'autre origine et d'autre principe que la nature même de ces êtres. Mais pour l'homme être libre, pour l'homme dont l'essence réside tout entière dans la liberté, on peut affirmer sans crainte d'erreur que tous les faits sur lesquels il n'a aucun pouvoir relèvent d'un principe étranger. Si donc je subis une idée comme une sensation, si j'ai la conscience que je ne produis pas plus l'une que l'autre, c'est un signe certain que l'idée, aussi bien que la sensation, a son principe hors de moi; le principe de la pensée est donc impersonnel. Mais quelle est la nature de ce principe? Est-ce, comme pour la sensation et la volonté, une force, une âme, un esprit? Nullement, c'est un principe d'un ordre tout différent. La sensation et l'activité m'avaient conduit à des principes invisibles, mais contingents. La pensée m'élève à des principes non seulement invisibles, mais nécessaires; elle me transporte vers le monde de l'infini et de l'absolu. L'existence nécessaire et immuable, tel est le caractère du principe de la pensée dans toutes ses manifestations, depuis la plus simple vérité mathématique jusqu'à Dieu. Voilà pourquoi on l'appelle raison.

Maintenant je dirai de la raison ce que j'ai dit des principes de la sensation et de l'activité. Toutes les pensées possibles en participent; mais aucune n'est la raison elle-même. Ici encore il faut distinguer le principe de toutes ses applications et l'élever au-dessus de toutes ses formes. La raison étant distinguée de ses formes, il reste à connaître quelles sont ces formes et en quel nombre elles sont. Je trouve encore ici que la raison n'a que deux manières de se produire : ou elle juge sans avoir conscience de la loi de son jugement, ou elle juge avec la connaissance de cette loi. Dans le premier cas, elle juge spontanément et par inspiration ; dans le second, elle juge avec réflexion. Aujourd'hui si mon esprit porte en moi le jugement suivant, ce fait particulier suppose une cause, il sait clairement qu'il le porte en vertu de la loi de causalité. Mais lorsque pour la première fois il a ainsi jugé, il ne distinguait certainement pas l'acte d'avec la loi. Il y a plus, c'est le jugement particulier qui lui a révélé la loi ; cela est vrai de la loi de substance, comme de la loi de causalité ; cela est vrai de tout jugement nécessaire. L'esprit connaît d'abord le cas concret avant la loi abstraite qui le gouverne ; ce n'est que plus tard qu'il en appelle à la loi. Je vais encore développer cette distinction sur un exemple. L'enfant ou même l'homme que son éducation n'a point préparé à saisir les rapports abstraits des nombres, peut ne pas procéder dans ses jugements comme le mathématicien. Il ne dit pas : *deux objets, plus deux objets,* font quatre objets en vertu du rapport abstrait de *deux à quatre ;* il ne connaît pas les formules générales ; il ne sait pas la loi abstraite qui est le principe de son jugement sur une vérité concrète. Il juge par la seule force de sa raison et sans aucune formule antérieurement connue. Or, qu'y a-t-il là ? Il y a la distinction de la raison et de ses formes, la distinction de ces formes entre elles; il y a en outre la démonstration de l'ordre dans lequel ces formes se succèdent dans l'esprit. Il y est évident, 1° que la raison procède par inspiration dans le jugement concret et par réflexion dans le jugement abstrait; 2° que, soit qu'elle procède par inspiration ou par réflexion, elle a toujours la même autorité, ce qui prouve que cette autorité, elle la tire d'elle-même et nullement de la forme spontanée ou de la forme réfléchie; 3° que la réflexion suppose toujours l'inspiration et vient nécessairement après.

Telle est mon opinion sur les manifestations diverses de la raison. Pour être, pour agir même, elle n'a pas besoin d'avoir conscience de ses lois. Elle se manifeste d'abord spontanément, puis vient la réflexion qui recueille cette manifestation, l'analyse, et en tire une loi qu'elle érige en formule. Cette formule n'est pas la raison; elle n'en est qu'un étroit symbole, que trop souvent l'esprit se borne à contempler, oubliant dans cette vue exclusive la raison elle-même. Mais on ne saurait y trop penser, quand l'esprit aurait recueilli toutes les formules qui expriment les actes particuliers de la raison, il serait tout au plus en possession de la logique; il aurait perdu le sentiment de la raison. Si vous ne savez pas distinguer la raison de la logique, il arrivera que, captifs dans les formules, vous rencontrerez des cas où elles ne vous suffiront pas. Alors comment en sortir, si vous avez restreint d'avance le champ de la raison à cette étroite classification ? Toutes les lois de la raison ne sont pas dans la science : il y a pour le goût, pour le génie, pour le dévouement, des lois qu'aucune méthode, aucune règle, aucun code ne peuvent prescrire. Nulle formule de la science n'est assez vaste pour comprendre toutes les manifestations de la raison, assez absolue pour ne jamais souffrir d'exception. Quand l'esprit, confondant la raison avec ses formes, se fait l'esclave de la loi, il s'expose à rencontrer dans certains cas l'opposition de la loi et de la raison, et à méconnaître l'excellence de la raison. Qu'on y prenne garde ; et qu'on prenne garde aussi qu'en niant ou en rejetant comme illégitime toute manifestation spontanée et instinctive de la raison, la nature humaine ne se trouve condamnée à un certain mécanisme régulier, utile sans doute et peut-être suffisant dans les cas ordinaires, mais qui rendrait impossibles ces grands mouvements qui quelquefois font la vie si haute et si belle. Il faut laisser ce ressort à l'âme humaine ; il faut que dans certains cas elle agisse par une inspiration supérieure aux règles et aux formules. Au reste, ainsi font quelquefois le poëte ou l'artiste, le savant et l'homme de bien. Je ne rabaisse point pour cela les règles; quand elles émanent de la raison, elles font loi en morale, comme en littérature, comme dans la science; seulement je les soumets à la raison comme au principe suprême et au juge sans appel de toutes les lois.

En résumé, la pensée étant comme la sensation un fait sur lequel la volonté n'a aucun pouvoir, relève d'un principe impersonnel. Ce principe, qui est la Raison, est supérieur aux principes de la sensation et de la volonté, à la force, à l'âme, et même à l'esprit; car, entre lui et les autres, il y a toute la distance de la réalité relative et contingente à la vérité absolue et nécessaire. La Raison apparaît toujours au sein de cette réalité relative et contingente, elle y prend ses formes. C'est là sa condition de manifestation, il faut le reconnaître; mais il faut aussi savoir qu'elle est en elle-même parfaitement distincte des formes qu'elle affecte. Qu'est-elle en soi? Il est impossible de le dire, parce que la Raison est l'infini ou l'idéal, et que l'infini ou l'idéal échappe à toute représentation et à toute définition. Pour la Raison comme pour Dieu dont elle est sans doute l'organe auprès des hommes, on peut dire ce qu'elle n'est pas, mais non ce qu'elle est. Ce qu'il nous importe de comprendre, c'est que la Raison, comparée à ses formes, est dans le rapport de l'infini au fini, de l'idéal au réel. Le beau se manifeste sous la forme réelle et concrète des objets de la nature ou des sentiments de l'âme ; mais aucun sentiment de l'âme, aucun objet de la nature ne le reproduit dans toute sa pureté et dans tout son éclat. Quand on réunirait les innombrables symboles qui le révèlent, il ne faudrait point y voir la représentation complète et adéquate du beau. Il en est de même du bien ; nulle vertu n'en contient le type. Ainsi l'idéal, objet ineffable de la pensée, prend toutes les formes pour se manifester, mais il ne se confond avec aucune. Il faut savoir le reconnaître sous toutes les images, et le concevoir dans sa pure et mystérieuse essence : il le faut, si on ne veut pas que dans l'ordre du bien, la vertu ne s'enferme dans d'étroites maximes; que, dans l'ordre du beau, l'imagination ne se voue exclusivement à la contemplation de quelques symboles imparfaits ; que, dans l'ordre du vrai, le génie n'étouffe dans des formules incomplètes. Les lois, les formules, les symboles connus ne suffisent pas toujours. Il faut autre chose dans ces graves et solennels moments où la nature humaine tente un grand effort pour élever son œuvre de vertu, d'art ou de science, au-dessus de la mesure ordinaire de sa création. Il faut qu'alors brille la lumière suprême de l'idéal. Telle est la Raison, rayon divin selon Platon, hôte passager et céleste selon Aristote, principe médiateur entre l'homme et Dieu dans le dogme chrétien, principe impersonnel et supérieur à la nature humaine de toute la distance qui sépare l'infini du fini, et à ce titre vraiment divin, dans la croyance universelle de l'humanité.

Nous voilà donc parvenus jusqu'aux principes des trois faits de conscience, sensibilité, activité, pensée. Ces principes étant la force vitale ou âme organique, l'esprit et la Raison, il est facile de résoudre le problème que je me suis posé au début de cette leçon. Je savais, par un sentiment intérieur qui ne trompe jamais, que la pensée est plus noble que la volonté, et que celle-ci est plus noble que la sensation. Mais la raison suprême et métaphysique de cette supériorité et de cette infériorité, je ne la connaissais pas et ne pouvais pas la connaître, enfermé que j'étais dans les étroites limites de la conscience. Maintenant qu'à l'aide d'une induction, toujours fondée sur la conscience il est vrai, j'ai pu en franchir les bornes et atteindre les principes substantiels des faits que j'avais d'abord observés, je suis en mesure de dire pourquoi la pensée est supérieure à la volonté, et celle-ci à la sensation. Entre la pensée, la volonté et la sensation, il y a le même rapport qu'entre la Raison, l'esprit et l'âme organique, dont ces faits ne sont que les œuvres. La pensée est le plus noble des actes de la nature humaine, parce que la Raison dont elle vient est la plus haute des manifestations de l'être ; la sensation est le fait le plus humble de la vie, parce que l'âme organique rentre dans le sein de la nature, qui est la dernière puissance de l'être ; l'activité tient le milieu, pour la dignité, entre la sensation et la pensée, comme œuvre d'un principe qui, supérieur à toutes les puissances d'un monde fini et contingent, s'abaisse et s'efface devant les vérités nécessaires et infinies de la Raison.

Ve LEÇON.

J'ai montré que toute la vie de l'homme se résume dans trois phénomènes inséparables : sensation, action, pensée. J'ai fait voir quelles sont les formes sous lesquelles se produisent les principes de ces phénomènes ; comment la Raison se manifeste tantôt par une intuition rapide, tantôt par une laborieuse réflexion, sans cesser d'être elle-même et sans jamais rien perdre de son autorité : comment la liberté se développe en actes volontaires précédés d'une délibération, ou s'échappe en mouvements spontanés qui n'admettent ni comparaison ni choix des motifs ; comment enfin le principe de la sensation, la force vitale, se retrouve sous les fonctions les plus diverses depuis les sourdes et obscures impressions de la vie végétative jusqu'aux émotions les plus vives et les plus claires de la vie sensitive. J'ai montré en outre quel était le rapport en dignité de chacun de ces faits et comment il fallait chercher, en dehors de la conscience, dans l'origine de ces faits et dans la nature même des choses, la raison de ce rapport, Il me reste à voir maintenant quelles sont les conséquences à déduire de ces résultats pour le problème qui nous occupe, c'est-à-dire pour la théorie des droits et des devoirs.

Parmi les vérités nécessaires que conçoit la pensée, il en est qui n'ont aucune prise sur ma liberté et ma sensibilité, par exemple, les vérités de l'ordre mathématique et de l'ordre physique. Mais quand la raison prononce, non sur le vrai, mais sur le bien, elle impose à ma liberté l'obligation d'y conformer ses actes, l'obligation seule nécessité des êtres libres ; là est l'origine du devoir. L'origine du devoir n'est pas autre chose que le rapport entre la liberté et la raison, la raison ne prononçant plus seulement sur une vérité à reconnaître, mais sur une vérité à reconnaître et en même temps à réaliser. Il faut respecter la vieillesse, c'est là une vérité tout aussi nécessaire que cette proposition géométrique, les trois angles d'un triangle égalent deux droits. Mais, tandis que celle-ci ne s'impose qu'à ma raison, celle-là s'impose en outre à ma volonté. Ce n'est plus là une vérité morte, faite pour rester éternellement dans la sphère purement abstraite de la science; ma raison la montre à ma volonté comme une loi à réaliser dans la vie : voilà comment la raison spéculative devient la raison pratique. Entre l'une et l'autre, il n'y a point de distinction radicale à faire comme on l'a tenté. A parler rigoureusement, il n'y a ni raison pratique, ni raison spéculative ; il y a une seule et même raison, c'est-à-dire une faculté dont la fonction dans tous les cas est de concevoir le nécessaire et l'absolu ; or, les formes sous lesquelles la vérité nécessaire se manifeste sont très-diverses, mais elles n'en altèrent pas l'essence. Que l'objet de cette vérité soit une figure géométrique, ou une propriété de la nature, ou un attribut d'un être libre, peu importe ; c'est toujours au fond la même vérité, et la fonction de la raison n'a pas varié avec ces différents cas. La distinction de la raison pratique et de la raison spéculative est donc fondée sur la matière et non sur l'essence même de la vérité ; on pourrait tout aussi bien, en suivant le principe qui l'a inspirée, distinguer une raison mathématique, une raison physique, une raison métaphysique, suivant les objets auxquels elle s'applique. C'est donc une erreur profonde d'avoir séparé, comme l'a fait Kant, la raison pratique de la raison spéculative ; c'est une erreur qui d'ailleurs entraîne irrésistiblement la science dans l'abîme du scepticisme, quoi qu'en ait dit le philosophe illustre dont nous venons de parler. A la faveur de cette distinction, Kant croit pouvoir se passer de la raison spéculative pour relever la croyance humaine, abattue sous les coups de l'*idéalisme transcendental;* mais lorsqu'il s'adresse pour cela à la raison pratique, comment ne s'aperçoit-il pas qu'il retrouve cette même raison qu'il a sous un autre titre reconnue impuissante ?

Mais revenons au rapport de la liberté et de la raison. Nous en avons vu sortir le devoir tout entier; je dis tout entier, parce que la sensibilité n'entre pour rien dans ce rapport. Quelque chose qui se passe en elle, le devoir n'en reste pas moins ce qu'il est ; car ce qu'il est, il l'est seulement par la raison et la liberté. Je veux faire une hypothèse pour mieux établir ce point capital. Tandis que la raison parle à la liberté et que celle-ci se soumet par un acte de volonté à l'obligation que lui impose la raison, je suppose qu'à ce moment la sensibilité jouisse. Peut-on dire que ce fait change l'obligation, qu'il la fortifie ou l'affaiblisse ? Non évidemment. Ainsi, quand la raison me commande de respecter la vieillesse, de servir la patrie, et que la volonté obéit à cette loi, il peut arriver que ma sensibilité reçoive de la conscience de cette vertueuse action une impression délicieuse. Mais l'effet moral de cette impression est nul en ce sens qu'elle a pu être ou n'être pas sans que la loi prescrite par la raison à la liberté en soit plus ou moins obligatoire. Changez ce phénomène, changez-le tellement, qu'au lieu du plaisir il y ait douleur après le devoir accompli, l'obligation reste toujours la même. Pourquoi? Parce qu'encore une fois, l'obligation est une loi absolue et invariable qui emprunte toute sa force à la raison et qui ne doit rien aux accidents extérieurs: comme toute vérité absolue, elle n'est pas susceptible de degrés; elle est toute entière ou elle n'est pas du tout. Elle est alors, par rapport à la sensibilité, comme une vérité mathématique; les accidents de ma sensibilité ne sont pas moins indifférents à cette vérité: je dois servir ma patrie, qu'à cette autre: tout phénomène suppose une cause. Ici toutefois entendons-nous bien. Quand je dis que la sensibilité n'a rien de commun avec le devoir, je ne nie pas qu'elle ne puisse agir sur ma liberté. Qui ne sait que le plaisir invite à l'action et que la douleur en détourne? Je soutiens seulement que le plaisir ou la douleur ne font pas que la volonté soit plus ou moins obligée; l'influence de la sensibilité sur la liberté peut être puissante, mais sur la raison, elle est nulle : voilà ce qui fait que l'obligation reste la même dans tous les cas.

Telle est la vraie distinction entre le devoir et le bonheur. Mais entre choses distinctes il peut y avoir des rapports; n'y en a-t-il pas entre le devoir et le bonheur, et en quoi consistent-ils? C'est ce que je vais essayer de montrer. Souvent il arrive que la sensibilité se trouve bien de la soumission de la liberté à la raison; ce qui a fait dire que la vertu est encore le meilleur calcul. Quelquefois aussi la sensibilité souffre d'un devoir accompli; on connaît le vers de Juvénal : « Quand même Phalaris vous présenterait son taureau, il ne faut pas trahir la vérité ! » Toutefois, il faut dire qu'après de longs efforts et de douloureux sacrifices, l'âme se rend la tâche plus facile, et, sauf les cas de tragique vertu, arrive, par la résignation, à un calme qui n'est pas sans douceur. C'est en ce sens seulement que peut se concevoir l'accord du devoir et du bonheur; mais il n'en est pas moins vrai qu'il est impossible de confondre la vertu avec le bonheur ou le bonheur avec la vertu.

Maintenant qu'est-ce que le bonheur? Est-ce le plaisir rapide du moment? La conscience répugne à le croire; nous sentons tous que le bonheur n'est pas une impression fugitive, mais une série d'impressions durables, qu'il n'est pas un accident de l'âme, mais un état. Le bonheur est le sentiment d'une vie douce, pleine et facile. Dans toute vie qui est, ou vide, ou agitée, ou laborieuse, il n'y a point de bonheur : or, cette vie heureuse n'est possible qu'à deux conditions : 1° que chaque faculté de notre nature se développe dans toute sa force et dans toute son étendue ; 2° qu'un accord parfait règne entre toutes les facultés, en sorte que l'action de l'une ne gêne en rien le plein développement de l'autre. Mais il est facile de comprendre que ce bonheur ne peut être qu'un idéal ; car l'accord n'est jamais ni parfait ni constant. Ce n'est point à dire que cet accord soit contraire à notre nature : il y est profondément conforme ; mais l'expérience nous apprend combien peu la faiblesse humaine permet de le réaliser. A peine la vie a-t-elle commencé que les puissances qu'elle renferme se distinguent en se développant ; la distinction engendre bientôt l'opposition, et l'opposition la guerre. La raison et la sensibilité sollicitent la liberté en sens contraire ; la vie alors, c'est la vertu avec les douleurs du sacrifice, ou bien c'est la volupté de la passion avec les remords de la faiblesse.

On ne saurait trop distinguer deux choses : le bonheur et le souverain bien. Le souverain bien n'est ni dans le bonheur, comme l'a soutenu Épicure, ni dans la vertu, comme l'a voulu Zénon ; il est ou plutôt il serait, s'il était possible, dans l'alliance parfaite de l'un et de l'autre. Or l'accord de la raison et de la liberté ne produit que la vertu ; l'accord de la liberté et de la sensibilité n'engendre que le bonheur ; c'est dans l'harmonie seule de la raison, de la liberté et de la sensibilité que se trouverait le souverain bien. Mais cette harmonie n'est guère de ce monde, elle ne se produit pas naturellement et au berceau de la vie ; elle est le fruit d'un effort sublime et vraiment supérieur à la force humaine dans la plupart des natures, et n'apparaît, quand elle vient, que vers le terme de la vie. C'est alors que l'homme est saint. Dans cet état, à la suite de longs efforts et de nombreux actes de vertu, il arrive que la volonté façonnée au joug de la raison, obéit spontanément et comme par un instinct de nature à ses prescriptions les plus redoutables et que la sensibilité a tellement l'habitude de la souffrance, qu'elle ne tressaille plus à chaque aiguillon nouveau de la douleur.

J'ai dit tout à l'heure que l'harmonie des facultés n'est point un fait du premier âge de la vie. Il semble pourtant que l'expérience proteste contre cette assertion ; car c'est au début de la vie qu'apparaît l'innocence, et là aussi n'y a-t-il pas harmonie ? Oui, sans doute, mais c'est une harmonie sans dignité, sans grandeur, car elle est d'un âge qui ne connaît ni la lutte, ni le sacrifice, ni le bien et le mal. L'enfant n'a point l'idée du devoir, ce qui fait que le plaisir ne l'inquiète ni ne le trouble jamais; il jouit, il souffre, il est incapable de vice comme de vertu. La paix de l'âme en cet âge de la vie ne révèle point le triomphe du bien sur le mal, mais l'absence complète de lutte entre des principes contraires. En résumé, il y a trois états dans la vie, l'innocence, la vertu, la sainteté. L'innocence est le point de départ, la vertu est le moyen, la sainteté est le but. Mais tout comme l'innocence n'est qu'un point dans la vie, de même la sainteté est moins un état réel qu'un idéal dont on approche plus ou moins, mais qu'on ne saurait atteindre. Il ne peut y avoir harmonie parfaite que dans une nature absolument simple; et c'est pourquoi la sainteté n'appartient qu'à Dieu. Le bien qui résulte de l'harmonie passagère dont la vie humaine offre le tableau, n'est qu'un pâle reflet du souverain bien. L'homme, être un et multiple, simple et complexe à la fois, peut bien aspirer vers l'harmonie parfaite, mais il ne saurait y atteindre : le principe de l'harmonie parfaite étant l'unité absolue, le souverain bien n'est pas de ce monde; la mort seule peut y conduire. Si le souverain bien n'est pas de ce monde, il s'ensuit que, s'il peut être proposé comme fin de notre activité, il n'en doit pas être considéré comme la règle. La véritable règle de notre vie, c'est la vertu. Et qu'on ne dise pas qu'ici il y a contradiction dans les mots, et qu'il est impossible que la fin de la vie n'en soit pas en même temps la règle. Quand l'innocence a fait place à la vertu, le travail et le sacrifice s'emparent de la vie; l'homme souffre alors. Or, il ne peut se résigner à la douleur, il aspire à la paix, à l'harmonie, au bonheur, en un mot, il y aspire sans le prendre pour règle de conduite; car, lorsqu'il faut agir, il ne se demande pas si l'acte que réclame la raison troublera ou non la paix de son âme; il sait qu'il doit agir, que le résultat de son acte soit la paix ou le trouble de ses facultés. L'homme, ici-bas, je ne saurais trop le répéter, n'a pas pour destinée de faire régner la paix dans son âme, mais d'y faire régner la vertu; le mot de sa mission est devoir et non bonheur. Pour le devoir, il faut qu'il accepte la guerre; pour le devoir, il faut qu'il se déchire les entrailles, et, si, dans l'excès de sa souffrance, il a le droit de soupirer après le bonheur, qu'il songe bien que c'est à Dieu qu'appartient le soin de cette autre destinée. Maintenir la supériorité de la raison sur la liberté, de la liberté sur la sensibilité, telle est ma loi en ce monde. Que si, pour y être fidèle, il faut qu'une lutte s'engage, mon devoir est de la soutenir, non de la faire cesser. C'est à la suprême Providence à voir si ma destinée finit là.

Je n'ai parlé jusqu'ici que du bonheur en général; je voudrais, en outre, rechercher sous quelles formes se produit le bonheur, et par quelles voies il entre dans l'âme. Mon but, en faisant cette analyse, serait de montrer combien est vaine l'opinion qui suppose que le bonheur est la destinée de l'homme dans ce monde-ci.

Sans système arrêté d'avance sur le bonheur, je veux demander à l'expérience combien il y a de genres de plaisirs. Qu'à l'occasion de certaines impressions organiques, l'âme se trouve agréablement ou douloureusement affectée; que cette affection ait lieu indépendamment de toute intervention de la raison et de la volonté, c'est ce que l'observation la plus superficielle peut saisir. Le plus souvent sans doute la raison, la volonté et la sensibilité entrant simultanément en jeu, produisent un phénomène complexe, mélange de sensation et de sentiment. Mais même dans ce cas (et j'avoue qu'il serait difficile d'en citer où il n'y eût pas simultanéité d'action dans nos diverses facultés) il arrive souvent que le phénomène qui en résulte est une pure sensation. Ce plaisir ou cette douleur varient selon la force et la nature même des causes qui les produisent. Ainsi la sensation résulte, tantôt de la sensibilité proprement dite, tantôt de l'imagination, tantôt de la passion. Lors même qu'elle est une simple impression des sens, elle varie selon la nature des organes; mais il est facile de voir qu'entre toutes ces sensations il y a différence de forme et non de nature. Les plaisirs de l'ouïe, de la vue, du goût, de l'odorat et du tact sont de la même famille. Quant aux plaisirs de l'imagination et de la passion, fort différents en apparence des sensations organiques, ils s'y ramènent aisément. L'imagination n'est que le reflet de la sensibilité : je parle de cette imagination passive qui ne fait que reproduire ou prolonger l'impression sensible en l'absence de l'objet. La passion, quelle qu'en soit la forme, désir calme et profond, ou mouvement subit et irrésistible, naît toujours de la sensibilité et de l'imagination. C'est donc la sensibilité qui est le fond et la racine de tous les phénomènes de ce genre.

Je passe à un autre ordre de phénomènes. Je suppose que la sensibilité n'est affectée que de plaisir par les causes qui l'entourent; que la mémoire est pleine de doux souvenirs, et l'imagination de charmantes images; qu'enfin toutes les voies de la sensibilité sont ouvertes au bien-être; si dans cette hypothèse l'activité personnelle est endormie ou suspendue, ou seulement affaiblie, je

dis que le plaisir, tout en restant ce qu'il est, serait mêlé d'une affection pénible. C'est un fait
d'expérience intime que toutes les fois que l'activité personnelle est gênée dans ses développements
par quelque cause que ce soit, il survient un
malaise profond. Ainsi l'âme souffrira, si une maladie paralyse les organes qui sont les agents immédiats de l'activité volontaire. Changez l'expérience, tout en rétablissant l'exercice des organes
physiques de l'activité interne; supposez cette
activité même suspendue ou détruite par des
causes qui aient prise jusque sur l'âme; imaginez
une volonté qui n'agisse plus, condamnée qu'elle
serait à ne pouvoir agir efficacement, le même
phénomène se reproduira. En vain plongerez-vous
dans toutes les voluptés des sens l'homme dont
vous aurez paralysé l'activité, vous le verrez souffrir et périr de langueur et d'ennui. C'est que
l'homme porte partout et toujours le besoin d'agir
et d'agir librement, et que dans le bien-être comme
dans la misère il veut être traité en être actif et
libre, en personne et non en chose; il sent combien le dégrade l'esclavage, et ce sentiment est la
plus cruelle souffrance qu'il puisse éprouver.

Enfin, n'est-il pas vrai qu'indépendamment du
développement de la sensibilité et de l'exercice des
facultés volontaires, la simple aperception de la

vérité fait bien, comme la vue de l'erreur fait mal?
N'y a-t-il pas des joies connues seulement du savant, calmes et pures comme la source dont elles
viennent, et que proclame ineffables quiconque les
a réellement senties? qui en doute? qui doute que,
si Archimède, Newton ou Leibnitz nous avaient
raconté leur vie, nous aurions une nouvelle histoire du bonheur. Et non seulement le vrai nous
agrée et le faux nous déplaît, mais nous reportons
nos sympathies et nos répugnances sur les organes
de la vérité et de l'erreur. La société des esprits
bien faits nous charme; celle des esprits faux ne
nous inspire qu'ennui et dégoût; le sophisme nous
irrite, la subtilité nous fatigue, mais le bon sens
nous réjouit toujours. Au reste, bien que l'esprit
aime à retrouver sans cesse les vieilles et simples
vérités du sens commun, il faut convenir que ce
qui le ravit le plus dans le commerce avec la
vérité, c'est le nouveau, l'imprévu et l'extraor-
dinaire.

Voilà trois sources de bonheur qu'il est aussi
impossible de nier que de confondre. Cela posé,
il est facile de voir que le bonheur n'est pas un
fait si simple, ni si commun qu'on pourrait le
croire; car le bonheur n'est pas moins que l'harmonie des plaisirs des sens, de l'intelligence et de
l'activité. En vain Newton puisera-t-il dans la dé-

couverte des vérités les plus hautes d'ineffables jouissances; si son activité personnelle est enchaînée, ou si son corps est en proie aux fléaux naturels, il ne sera point heureux. Il n'y a de bonheur ni dans la pensée sans l'action, ni dans la science et dans l'action sans le bien-être. Je ne veux pas dire toutefois que les trois éléments dont il se compose sont d'une valeur égale; mais quel que soit le rôle de chacun dans la vie, il n'en est pas mois vrai que le bonheur n'apparaît qu'en vertu de leur harmonie.

Maintenant quelle est la part de chaque élément dans le résultat général de la raison, de la sensibilité et de l'activité? quelle est la source de bonheur la plus riche? Si je compare d'abord les plaisirs de la sensibilité et ceux de l'activité, ou, pour parler un langage plus simple, les plaisirs extérieurs aux plaisirs intérieurs, je ne puis concevoir le moindre doute sur la question. Tout phénomène de conscience ayant, ainsi que je l'ai démontré dans les précédentes leçons, pour sujet l'activité du moi, il s'ensuit que cette activité est la racine même du plaisir, qu'elle qu'en soit la source. N'est-il pas vrai dès lors que tout ce qui porte atteinte à l'activité ruine le plaisir par la base. Pour que le plaisir des sens soit goûté, il faut à l'âme du calme et une conscience claire de ses actes. Or, cette conscience s'affaiblit ou se fortifie selon que l'activité croît ou décroît; ce calme n'est possible que par l'énergie d'une volonté qui écarte ou dompte les influences du dehors. D'une autre part, l'énergie de volonté est encore la condition de la durée du plaisir, l'âme ne conservant ou ne prolongeant les impressions qui lui viennent du dehors qu'autant qu'elle est libre et forte à l'intérieur. Autrement l'âme ne fera qu'effleurer les divers plaisirs que lui envoie le monde extérieur. Enfin, la force de la volonté fait la santé du corps. Quand les passions ont troublé et ébranlé l'intérieur, il arrive que les impressions extérieures venant à frapper le corps, le trouvent sans défense et l'accablent aisément, tandis que l'âme calme et forte fortifie les organes. La résignation est un fait qui prouve bien cette vérité; principe de dignité pour la vie interne, elle est pour la vie extérieure une condition de santé. La force de volonté est donc le principe de l'existence, de l'intensité, de la durée du plaisir, et en même temps jusqu'à un certain point le principe de la santé du corps. C'est là, du reste, une vérité de conscience dont il n'y a pas de démonstration possible. Voulez-vous savoir pour quelle part la volonté contribue au bonheur, appelez-en au sentiment intime de ce qui se passe en vous. Ici, pour croire, il faut sentir; pour sentir le rapport de la volonté au bonheur, il faut avoir fait acte d'énergie personnelle au moment du plaisir; il faut avoir fortifié et en quelque sorte armé le for intérieur par un exercice constant de la liberté contre les causes extérieures; il faut après avoir lutté contre la tyrannie de la nature qui marque le début de la vie, avoir assuré l'empire de la volonté et la paix de l'âme, mais une paix si forte et si profonde qu'elle n'ait plus rien à craindre des orages de la vie extérieure. Celui-là seul qui a senti toutes ces choses en lui-même comprend jusqu'où peut aller l'influence de la volonté sur le bonheur.

Mais la paix de l'âme suffit-elle au bonheur? Je vois bien qu'elle en est la condition; mais en est-elle la source? Pour être heureux, il faut être libre et fort; mais, réduite à la liberté et à la force, la vie est bien vide. Où est donc l'objet qui doit satisfaire cette soif de bonheur? Cet objet, c'est la raison qui le présente à l'homme en lui révélant l'idéal. La sensibilité donne le plaisir, la volonté le calme, la raison seule donne le bonheur; car c'est elle qui provoque l'amour dans la nature humaine par la manifestation de l'idéal, et c'est l'amour qui fait éclore le bonheur. Sans doute ce bonheur même n'est possible qu'à la condition du bien-être et du calme; mais il gît tout entier dans la communion de l'âme avec l'objet que la raison nous révèle, avec l'idéal.

Maintenant cet état de l'âme qu'engendrerait l'union du bien-être, du calme et de l'amour, est-il possible ? Pourrions-nous citer, je ne dis pas une seule vie, mais une seule époque dans la vie, où une parfaite harmonie règne entre toutes les facultés, où la satisfaction de tous les appétits sensibles produise un bien-être complet, où un calme absolu naisse de la soumission de toutes les passions à la volonté, où, à la faveur de ce bien-être et de ce calme, l'âme puise dans le commerce du monde idéal que lui montre la raison d'ineffables jouissances ? Non, cette époque n'a jamais existé pour personne. Quelques âmes ont pu seulement sentir ce bonheur un instant. Elle est bien dure cette vérité qu'un sentiment intime et profond de la réalité me force de vous dire ; mais il est de mon devoir de vous la dire. Le bonheur n'est qu'idéal ici bas. Quand vous seriez Newton, les nécessités de la nature pèseront à la fois sur votre corps et sur votre âme. Combien d'influences viendront engourdir l'activité de votre esprit ? Combien de besoins la solliciteront et finiront par l'arracher à ses savantes méditations pour la replonger dans les misères de la vie actuelle. Encore si la sensibilité était le seul obstacle au bonheur ! Mais qui ne connaît la faiblesse et les bornes étroites de nos meilleures facultés? La liberté manque de force ou de lumière, et alors ou elle chancelle ou elle marche en aveugle. La raison, cette faculté divine, se trouble et s'obscurcit trop souvent, et alors quel n'est pas l'effroi et la tristesse dont l'âme est saisie quand elle retombe dans la profonde obscurité du monde qu'elle habite? Il ne faut pas avoir vécu longtemps pour comprendre que le bonheur ici-bas n'est qu'idéal.

VIe LEÇON.

Je devais aujourd'hui vous entretenir des différents devoirs qui sont fondés sur le rapport de la liberté à la raison ; mais quelques personnes ayant trouvé que, dans l'analyse du bonheur, j'avais à peine fait mention d'un phénomène qui s'y rapporte et qui y joue le premier rôle, je veux parler de l'amour, cette leçon sera consacrée à combler cette lacune. L'amour, qui, tel que je l'entends, a fait l'objet d'un des plus poétiques dialogues de Platon, a pour origine le sentiment de l'idéal ; l'idéal nous étant révélé par la raison, l'amour marque l'intervention de la raison dans la question du bonheur. Rappelez-vous que la vie se compose de trois faits, qui sont la sensation, l'action, la pensée ; rappelez-vous encore qu'à chacun de ces trois faits s'attache une affection de plaisir ou de peine. Or, un homme ne peut jouir ou souffrir sans que ce double phénomène ne laisse dans l'âme, en la quittant , le désir ou la crainte , l'amour ou la haine, le désir du plaisir ou la crainte de la douleur, l'amour de l'objet qui a causé le plaisir, la haine de l'objet qui a produit la douleur. Voilà la forme la plus simple de l'amour. Il a pour principe le plaisir, lequel a pour principe lui-même le sentiment de la vie. La vie, le plaisir, l'amour, trois phénomènes dont l'analyse ne doit pas plus méconnaître la différence que le rapport. L'amour naît du plaisir; mais le plaisir affecte des formes bien diverses : sensation grossière lorsqu'il est dû aux impressions organiques, sentiment de satisfaction intérieure lorsqu'il résulte de la force et de la paix de l'âme, extase délicieuse lorsqu'il émane du commerce de la raison avec l'idéal, il est toujours le principe d'un amour auquel il communique ses divers caractères. Voilà pourquoi l'amour est un fait simple et indéfinissable. D'où vient l'amour ? du plaisir. D'où vient le plaisir ? c'est un fait qui n'a point d'origine. On peut bien disserter sur les différents genres de plaisir et d'amour; mais il n'y a rien à dire sur la nature de l'un et de l'autre. On dit, pour expliquer l'amour, qu'il vient du sentiment du beau : on a raison; mais d'où vient le sentiment du beau lui-même? Pourquoi et comment diffère-t-il

du sentiment du vrai et du bien? évidemment
c'est le phénomène du plaisir qui fait toute la
différence. Lorsque le vrai ou le bien se manifeste
et qu'un sentiment de plaisir suit cette manifestation, le vrai ou le bien devient le beau. Or ce
sentiment ne peut se produire sans provoquer
dans l'âme le mouvement que nous appelons l'a-
mour. Ainsi l'amour a pour origine sans doute
le sentiment du beau; mais le sentiment du beau
naît lui-même du plaisir. Voilà tout le mystère.
Si l'homme n'était qu'une intelligence, s'il n'é-
prouvait aucun sentiment de plaisir à la suite de
l'aperception de la vérité, le vrai et le bien ne seraient jamais le beau; mais c'est parce qu'il ne
peut échapper à ce sentiment de plaisir, lorsqu'il
conçoit et qu'il juge ce qui est vrai, ce qui est
bien, qu'il est capable de sentir ce qui est beau.
Le jugement de la beauté n'est donc pas seulement un jugement, c'est un jugement pour ainsi
dire sous l'enveloppe d'un sentiment. Le jugement du beau n'est en soi que le jugement du
vrai; il produit cet amour qui se rapporte à la
raison, mais il ne le produit qu'en vertu du sentiment.

Il n'en est pas ainsi des plaisirs de la sensibilité
et de l'amour que ces plaisirs provoquent; ils ne
sont point accompagnés ou précédés d'un juge-

ment. En présence des objets qui sollicitent les appétits sensibles, la raison se tait, et comme il n'appartient pas à la sensibilité de les considérer au point de vue du vrai ou du bien, ils diffèrent essentiellement des plaisirs qui naissent du sentiment du beau et ne produisent jamais ce genre d'amour qui s'attache à la beauté. Les philosophes français du dernier siècle, frappés du phénomène de plaisir qui signale la présence de la beauté, ont cru que l'*agréable* et même l'*utile* avaient la même origine que le beau, puisque le plaisir les accompagne également, et ont confondu par là le beau, l'agréable et l'utile. Mais, pour ne parler que de l'agréable, il est évident qu'il diffère essentiellement du beau. Le beau repose sur un sentiment et un jugement; l'agréable ne repose que sur un sentiment.

Il suit de là que les objets *agréables* et les objets *beaux* qui provoquent l'amour le provoquent et le satisfont d'une manière différente. En effet, le propre du jugement de la raison est la permanence et la nécessité. Les rapports du nombre me paraissent vrais; quand ils se réalisent et produisent des lois dont l'action est manifeste, ces lois m'apparaissent avec un caractère d'ordre et de bonté. Le plaisir vient ensuite, et ces lois, vraies en elles-mêmes, bienfaisantes dans leur action, de-

viennent belles à mes yeux. Au contraire les objets agréables qui excitent en moi des plaisirs, ne
provoquant pas comme les objets beaux un jugement nécessaire, universel, absolu, de la raison,
changent de caractères suivant la disposition de
l'âme, tantôt charmant la sensibilité, tantôt ne lui
inspirant que de la répugnance. C'est là ce qui a
fait encore qne, tout de même que les objets simplement *agréables* le sont toujours plus ou moins,
tandis que les objets *beaux* le sont d'une manière
absolue parce qu'ils le sont en vertu de la raison
qui est elle-même absolue, le jugement ou manifestation de la raison est immuable, et la sensation
manifestation de la sensibilité est variable. De là
deux sortes d'amour, l'un dans lequel entre un
élément nécessaire et constant, l'autre tout entier
accidentel et fugitif. C'est le sentiment de cette
différence qui a introduit dans la philosophie et
dans l'art grec l'opposition des deux amours, des
deux Vénus : l'une, fille de la sensibilité, est repré-
sentée sortant du flot de la mer, image de l'inconstance et du changement ; l'autre est la Vénus céleste, fille de la Raison : elle a pour père, dans le
mythe grec, le maître des dieux.

L'amour pur, l'amour qui naît du commerce
de l'âme avec les hautes idées de la raison, ne se
distingue pas seulement de l'amour sensible par

ses antécédents ; il en diffère aussi par sa nature. Il est plus calme que l'amour sensible, et même dans ses plus vifs transports il ne dégénère jamais en une frénésie qui enlève à l'âme l'emploi de ses facultés et même la conscience de ses actes. C'est le caractère propre de ce genre d'amour, d'unir le calme à l'énergie, la parfaite possession de soi-même à l'enthousiasme. On a trop dit que l'amour des sens se révèle par l'intensité et l'amour pur par la durée. Cet amour est durable sans doute, fondé qu'il est sur la solide base de la raison ; mais il peut être énergique, plus énergique même que l'appétit sensible. Pour le nier, il faudrait avoir méconnu l'enthousiasme, ce phénomène que Platon invoque dans le Phèdre pour l'opposer à l'irritation frénétique des sens, et qu'il appelle un saint *délire.* Ceux qui parlent sans cesse de la froide raison la confondent avec ses formes, avec le raisonnement, avec la science. L'essence de la raison, au contraire, c'est l'intuition rapide et spontanée, c'est l'enthousiasme, c'est l'extase. La réflexion et le raisonnement n'en sont que des formes inférieures. C'est ce que Platon a senti admirablement lorsque, dans le Phèdre, il montre que le raisonnement, toujours clair et toujours froid, n'est fait que pour la partie inférieure de la nature humaine. En effet, la haute partie de l'humanité est soustraite à l'empire du raisonnement comme à celui de la sensibilité et s'envole sur les ailes des idées dans la région des vérités éternelles. L'intuition du beau ne vient pas plus d'un raisonnement que d'une sensation ; voilà pourquoi la science, qui ne reconnaît que la sensation et le raisonnement, arrive à le méconnaître. Ou elle le confond avec l'agréable et l'utile, ou en présence d'un beau poëme ou d'une belle statue elle demande : Qu'est-ce que cela prouve ? Et en effet le beau ne prouve rien, et même n'a rien de commun avec la démonstration. On ne prouve pas l'enthousiasme, pas plus qu'on ne doit chercher à quoi il est bon. L'âme y croit quand elle le sent, et quand elle le sent elle l'adore sans se demander autre chose. Aussi, dans le dialogue du Phèdre, tous les arguments du sophiste que Platon fait intervenir viennent se briser devant ce seul mot : Enfin j'aime la beauté. Vous me prouvez fort bien que les statues de Phidias ne devraient me causer ni plaisir ni peine ; qu'il ne me revient aucun avantage de cette contemplation ; qu'il n'y a rien là qui puisse exciter mes désirs ni satisfaire mes besoins. Vous me prouvez cela par le raisonnement, mais il n'en est pas moins vrai (et c'est un fait aussi positif que les faits sensibles), qu'en présence du Jupiter Olympien, j'éprouve un sentiment qui me paraît incomparablement supérieur en énergie et en étendue à tous les plaisirs des sens, et qui s'empare de mon âme avec tant de force et de plénitude que je ne suis pas même en état de vous suivre dans vos raisonnements. Je sais que l'on a jeté beaucoup de ridicule sur ce qu'on appelle l'amour platonique en interprétant fort mal la théorie du philosophe grec. Mais, malgré ce ridicule, il reste vrai et il restera vrai aussi longtemps que durera la nature humaine que du commerce de l'âme avec la beauté idéale naît un amour qui n'a que le nom de commun avec l'appétit sensible. Il faut donc reconnaître les deux faits; il faut accepter les deux Vénus, les deux amours. Et non seulement il faut les accepter, mais il faut comprendre que l'amour pur est, quant au bonheur même, un principe de vie bien supérieur à l'appétit. Il est certain que les plaisirs du poëte, les plaisirs de l'artiste, de l'ami de la nature, dépassent en durée, en variété et même en intensité les jouissances les plus vives de l'intempérance et de la volupté. Le mortel qui aurait pu retenir quelques instants dans ses entrailles les transports de l'enthousiasme, dit Cicéron, jouirait tellement qu'il en mourrait.

Le bonheur parfait serait dans l'harmonie constante des deux sentiments et des deux amours;

mais cette harmonie est le plus souvent impossible. C'est presque toujours par le sacrifice des plaisirs et des désirs sensibles que l'âme s'élève à cet ordre supérieur de sentiments où l'amour prend naissance. Les plaisirs rationnels coûtent bien des larmes. *Beati qui lugent*, a dit l'Évangile : Ceux qui ne pleurent pas ne peuvent comprendre ces joies ineffables de l'âme qui sent qu'elle souffre pour la vertu.

Au reste, on a dit beaucoup trop de mal de la nature et de cet amour inférieur que je ne veux en aucune manière comparer à l'amour pur. Le vrai sage ne se refuse point à l'amour des sens tant qu'il n'est point condamné par les inspirations de l'amour pur; seulement il sait que les plaisirs que donne la sensibilité sont fugitifs et incertains et s'arme de résignation contre leur inconstance. Les stoïciens (je parle des stoïciens grecs) avaient bien compris ce rôle. La résignation envers la nature, l'obéissance à la raison et la disposition ferme à sacrifier toujours le plaisir au devoir quand il faut choisir entre les deux, telle a été leur constante pratique. L'homme est un tout complet qui ne se laisse pas mutiler; en vain le sophisme, en vain l'esprit de système suppriment telle ou telle de ses facultés, l'indestructible nature la maintient et l'oppose toujours aux systèmes exclusifs. Seulement, sans rien supprimer, on peut et on doit subordonner une faculté à une autre. Il faut sacrifier l'amour qui passe à l'amour qui ne passe point.

Platon a dit : Il n'y a pas de science de ce qui passe ; il aurait pu dire, et il a dit implicitement, qu'il n'y a pas d'amour de ce qui passe. Qu'est-ce, en effet, qu'un sentiment qui varie nécessairement avec son objet ? L'amour, comme toute puissance de l'âme humaine, aspire sans cesse à s'élever en changeant d'objet. Il se prend à la nature d'abord ; puis il la quitte bientôt pour un être supérieur, pour la personne. Il ne se repose point encore là ; il veut franchir la distance qui le sépare de l'idéal et s'attacher à ce suprême objet de ses désirs. Mais il ne lui est pas donné de le joindre et de pouvoir s'unir à lui ; quelque effort qu'il fasse pour y arriver, il ne communique avec l'idéal suprême, avec Dieu, que par l'intermédiaire des vérités éternelles de la Raison ; il ne le sent donc point intimement, et jusque dans cet effort surnaturel en quelque sorte qu'on nomme l'extase, il ne réussit pas à se fondre en Dieu, car alors même il ne peut perdre la conscience, c'est-à-dire le sentiment de lui-même.

VIIe LEÇON.

Après vous avoir entretenus de la nature de l'homme, des facultés qui la constituent et des principes auxquels on peut les rattacher en dehors de la conscience, après avoir traité du devoir en général et du bonheur, il me reste, pour terminer ces prolégomènes, à suivre l'idée du devoir dans ses principales applications et sous ses formes essentielles, en un mot, à tracer sommairement l'esquisse d'une théorie des devoirs.

Mais je veux auparavant vous rappeler le principe qui domine toutes ces leçons, et que, pour cette cause, je ne me lasserai point de reproduire, c'est que la raison, faculté qui nous révèle le vrai dans l'ordre moral comme dans l'ordre de la nature et dans la sphère de la métaphysique, est infinie comme Dieu son objet suprême, que par conséquent, de même que Dieu, elle est supérieure à toutes ses manifestations, et que, depuis l'application la plus humble jusqu'aux plus grands principes avec lesquels on serait tenté de la confondre, elle plane sur toutes ses formes à égale distance des plus vulgaires et des plus hautes. Or, de cet attribut de la raison il suit que la morale et la législation ne peuvent pas plus saisir et représenter l'essence de la raison, dans une seule formule ou dans plusieurs, que la métaphysique ne peut renfermer l'essence divine, soit dans un symbole unique, soit dans l'immense variété des symboles dont se compose le monde. Entre la raison et tout l'ensemble des formules qui l'expriment, il n'y a pas d'équation possible, pas plus qu'entre Dieu et le monde.

Ce qui est vrai de la raison en général, l'est également de la raison s'appliquant aux actes de la volonté et devenant par là la loi morale. Cette loi, soit qu'on la considère par rapport au sujet de l'action, soit qu'on l'envisage relativement à l'objet, est toujours supérieure à toutes ses formes; comprise par un effort de réflexion ou conçue par une inspiration soudaine, elle a toujours la même autorité. Il en est de même de la loi par rapport à ses objets : ou c'est un devoir de stricte justice qu'elle prescrit, ou c'est un devoir de charité, ou enfin c'est un devoir de dévouement ; assurément ces devoirs diffèrent beaucoup entre eux ; ils diffèrent par les difficultés de l'action, par le mérite intrinsèque, par la manière dont le législateur la considère, mais ils sont profondément identiques par l'obligation. Devant la loi humaine, devant l'opinion publique, un devoir de charité et surtout un devoir de dévouement n'est pas obligatoire comme un devoir de justice ; devant Dieu et dans le sanctuaire de la conscience, même obligation pour tous. C'est là une conséquence directe et infaillible de l'unité et de l'identité de la loi morale sous toutes ses formes ; mais cette conséquence est une vérité d'une si haute importance que nous ne saurions trop insister pour en faire ressortir l'évidence.

Le principe de toutes les lois positives, de tous les codes humains, peut se résumer dans ces deux mots : devoir de respecter la personne d'autrui, droit de faire respecter la sienne propre ; la justice est là tout entière. Mais n'y-a-t-il rien au-delà ? Toute la destinée humaine se borne-t-elle à respecter la liberté d'autrui et à faire respecter la sienne ? N'y a-t-il pas des situations où l'homme se sent obligé à faire plus que de respecter la liberté d'autrui, où il comprend le devoir de lui porter secours, dût-il même exposer sa propre vie? Mais citons des exemples. En stricte justice, nul n'a le droit de porter la main sur la propriété d'autrui ; c'est un principe qui découle nécessairement du droit de respect pour tout ce qui concerne la personne. Vous ne pouvez rien sur ce qui est à moi, et fussiez-vous dans la plus profonde indigence, vous n'avez pas le droit de me dérober une obole, à moi qui suis opulent. La spoliation la plus légère est la violation d'un droit contre lequel aucune situation du monde ne peut créer de droit. Rien ne saurait la justifier, ni ma richesse, ni votre misère. En un mot le droit est absolu et ne transige point avec la circonstance. Mais si cet indigent qui me tend la main n'a pas le droit de me prendre une obole; si, lorsqu'il m'aura exposé sa détresse, il n'a pas le droit de me contraindre à la soulager; si enfin moi-même qui lui refuse du secours je n'emporte pas en le quittant le remords d'avoir attenté à la liberté d'autrui, qui oserait dire pourtant qu'à la vue de cette infortune, je ne trouve pas dans ma conscience l'obligation de secourir ce malheureux? Oui, en présence d'une infortune à laquelle la société n'accorde aucun droit de secours, j'entends une voix intérieure qui n'est pas celle de la pitié, bien que la pitié s'y mêle, et qui m'impose l'obligation de subordonner mon droit à un devoir supérieur. Quand Thémistocle refuse la récompense du roi de Perse qui lui propose de combattre contre son pays, il ne fait qu'un acte de justice, car il n'a pas le droit de venir imposer à ses concitoyens même les bienfaits du grand roi. Et quand cet acte de justice devrait lui coûter la vie, il n'y aurait pas encore là ce que j'appelle dévouement, car le devoir qu'il remplit, tout héroïque qu'il soit, sa patrie a le droit de le lui imposer. Mais qu'Aristide banni injustement par ses concitoyens, quitte la terre étrangère où il s'est réfugié, et revienne à travers la flotte et les armées du roi de Perse, offrir à ses concitoyens ingrats de mourir dans leurs rangs, je dis qu'il y a là autre chose qu'un acte de justice, qu'il y a un acte de dévouement. La vie de Vincent de Paule est sainte, non parce qu'elle a été consacrée à la pratique de la justice, mais parce qu'elle a été un dévouement perpétuel aux misères de ses semblables. Les grandes choses qu'il a faites dépassaient les limites de la justice et du droit; il les a faites librement, ne prenant conseil que de lui-même, sous l'empire d'une obligation absolue, mais en même temps tout individuelle, qu'aucune autre autorité que celle de la conscience ne lui prescrivait, et que nul homme, s'il y avait manqué, n'avait le droit de lui rappeler. C'est une noble erreur de la part de quelques moralistes d'avoir imposé aux hommes le dévouement et l'abnégation.

Il y a donc deux morales bien distinctes, quoique fondées sur le même principe, l'obligation; l'une qui ne comprend que les devoirs qui supposent des droits chez la personne qui en est l'objet, et qui, bornant tous ses préceptes au respect de la personne, autorise la contrainte envers tout agent libre qui contrevient à ces préceptes; l'autre qui, dépassant le principe de la justice, nous impose, outre le respect des droits des autres, le sacrifice de nos droits au salut et au bonheur de nos semblables, mais sans poser de formule et sans autoriser de contrainte. Tandis que les sociétés humaines ont institué des juges et des bourreaux pour contraindre les individus à respecter la justice, le code du dévouement, ce code tout entier d'amour et de charité, n'a point de force humaine chargée de le maintenir, et le défaut d'héroïsme n'est point un crime dont les tribunaux de la terre puissent connaître. Mais, pour n'être pas un devoir de stricte justice, gardez-vous de croire que l'héroïsme ne soit qu'un mot inventé par l'esprit de système; car les faits en proclament l'existence avec éclat: le genre humain, qui ne fait pas de système, distingue profondément la probité de la bienfaisance, et même l'homme juste qui meurt pour ne pas nuire à autrui, du héros qui, pouvant vivre sans violer les lois de la justice, dévoue sa vie au salut de ses semblables. L'Évangile qui contient à la fois les détails les plus touchants de la justice et les exemples les plus sublimes de la vertu de dévouement, résume ainsi toute la morale supérieure : Aime ton frère, sacrifie-toi pour lui, et tu auras accompli la loi. La loi suprême, c'est donc la sainteté, le dévouement, la charité, l'amour du prochain; c'est surtout l'amour de Dieu, car pour dominer la justice, ne faut-il pas s'élever jusque-là?

Mais ne croyez pas que la charité, le dévouement, l'héroïsme, dispensent des devoirs de justice; ne croyez pas surtout que, s'ils leur sont supérieurs, ils leur soient contraires. Cette opposition de la vertu de justice et de la vertu de dévouement, de la *petite* et de la *grande morale*, comme le disent avec un absurde dédain quelques fanatiques, si elle passait en principe, ébranlerait la moralité humaine jusque dans ses fondements. Mais il n'en va pas ainsi, il faut le dire hautement; l'enthousiasme le plus solide devient folie, le dévouement le plus héroïque devient crime, quand il blesse les droits d'autrui. Aussi ne faut-il voir dans ces élans de fanatisme, dans ces ardeurs d'un zèle aveugle dont la liberté humaine a tant souffert, que les emportements désordonnés des passions, images trompeuses et impies du saint zèle et du véritable enthousiasme qui, tout en respectant la loi, s'élève au-dessus d'elle et fait plus qu'elle ne demande. Le véritable enthousiasme vient de Dieu, et parce qu'il vient de Dieu, il porte en soi la vertu bienfaisante de son principe; comme Dieu dans le monde, il répand dans la société la vie, l'harmonie, le bien; il révèle sa puissance par la création et l'organisation. Je ne crois point à l'enthousiasme qui détruit et qui tue. Flamme douce et pure quand il sort du sein de Dieu, l'enthousiasme ne devient un feu dévorant que quand il a été corrompu par la passion; alors il a perdu son divin caractère, et par suite sa merveilleuse vertu : il n'a plus de force que pour le mal. En ce cas, loin de dominer la justice, il est trop heureux, n'étant plus qu'un mouvement aveugle de la sensibilité, d'y trouver une règle et un frein. Comprenez bien le rôle de l'enthousiasme dans la vie humaine. Lorsque Dieu rétablit l'ordre dans le monde physique par une loi supérieure, cette loi apparaît comme surnaturelle parce qu'elle est irréductible aux lois connues. De même l'enthousiasme vient suppléer à l'insuffisance des règles dans le gouvernement de l'humanité et éclate comme un miracle dans le monde moral.

On avait tant abusé de l'enthousiasme religieux dans les siècles précédents, que la philosophie du dernier siècle proscrivit ce sentiment et la source d'où il vient, c'est-à-dire l'ordre même des vérités divines révélées par la raison. Voulant asseoir la morale sur une base solide, elle tira de la sensation tous les mobiles de la volonté, comme elle en avait tiré tous les principes de l'entendement. De là la morale du plaisir et de l'intérêt. Cette doctrine régnait encore dans la science malgré les protestations du sens commun lorsque parut Kant. Ce moraliste sévère comprit admirablement le vice des doctrines du passé et du présent. Il vit que, fondée sur l'inspiration et le sentiment, la morale manquait de solidité; que, fondée sur l'intérêt, elle manquait de vérité et de grandeur. Ce fut donc en dehors de Dieu et de la nature, dans le sentiment de la liberté, qu'il chercha le principe de nos devoirs. Mais dans ce sentiment il ne pouvait trouver que le respect des droits d'autrui, c'est-à-dire la loi de justice, et non la loi de charité et de dévouement. Rien au monde ne peut m'obliger à sacrifier ma vie pour autrui, si tous mes devoirs se réduisent au respect de la personne de mes semblables. Et non seulement la théorie de Kant n'explique pas le dévouement, mais encore elle exclut l'enthousiasme. Je cite l'axiome fondamental sur lequel elle repose : « Prends pour motif de ton action une maxime telle qu'elle puisse devenir un principe de législation universelle pour tous les êtres moraux. » L'axiome est profondément vrai, par rapport aux devoirs de justice ; mais il répugne au dévouement et à l'enthousiasme dont l'essence est de ne pouvoir être converti en formule. Qui a jamais songé à ériger en loi le sacrifice de Décius se précipitant dans un gouffre pour sauver l'armée ? L'acte héroïque arraché à la faiblesse humaine par un mouvement d'enthousiasme peut être proposé aux hommes comme idéal, mais jamais comme règle.

J'ai dit tout à l'heure que la loi de dévouement est supérieure, mais non contraire à la loi de justice. Je crois en effet que le plus souvent l'enthousiasme ne fait que suppléer à l'insuffisance de la loi. Je crois de plus qu'il serait dangereux d'opposer devant de jeunes esprits le dévouement à la justice et de les tenter par les sublimes mais tragiques exemples d'un héroïsme foulant aux pieds les règles ordinaires. Pourtant il faut tout dire pour être vrai ; il faut donc avouer qu'il est des moments dans la vie de l'individu, moments terribles et solennels où l'enthousiasme commande le sacrifice.

Timoléon immole son frère au salut de la liberté;
Brutus sacrifie César à la chimère de la république.
Quand je songe à la beauté et à la grandeur de
ces âmes antiques, je crois sincèrement qu'ici c'est
une vertu supérieure qui triomphe; mais elle
triomphe de la justice. Quand l'âme en est là,
quand, à force d'enthousiasme, elle est parvenue à
un point où le dévouement touche à la folie et
l'héroïsme au crime, elle a perdu terre alors. Après
l'action, on pourra juger des résultats; quant aux
intentions, nul ne peut en juger, si ce n'est Dieu et
peut-être la conscience du héros. Je dis peut-être,
car qui sait ce que devient la conscience dans un
tel moment? L'homme en cet état sait-il si l'enthousiasme qu'il a reçu de Dieu est resté pur et
saint, s'il n'a pas été corrompu par le souffle des
passions? S'il en était ainsi, malheur au héros qui
aurait foulé aux pieds la justice; car elle se dres-
serait contre lui et l'écraserait de tout son poids.

Maintenant si je passe de la morale à la politique, j'y retrouve une distinction analogue. La
politique n'est pas une science *à priori*: elle relève
de la morale dont elle n'est qu'une application.
Transportez de l'individu à un peuple la série des
droits qu'engendre le principe du respect de la
liberté d'autrui, et vous aurez le code politique qui
doit servir de base à toutes les sociétés. Ainsi que

nous l'avons démontré ailleurs (*Histoire de la philosophie morale au* xviiie *siècle,* 1 vol., Hobbes. 2 vol., Ferguson), la société est naturelle et nécessaire, soit qu'on la considère dans le fait même de son institution, soit qu'on la considère dans ses lois. L'institution de la société n'est le fruit ni du hasard ni d'une convention, mais de la nature même de l'homme qui est tellement sociable qu'on ne peut le concevoir hors de la société. Quant aux lois qui la régissent, et je ne parle ici que des lois fondamentales, elles ne reposent point sur des pactes ou des contrats antérieurs. Elles ne sont que ces droits mêmes, imprescriptibles, inviolables, antérieurs et supérieurs à toute forme de société, que chaque homme porte en lui-même et que la politique ne fait qu'emprunter à la morale.

Rappelons le principe de ces droits. Tant que je veille, je pense, j'agis, je suis libre : je puis à mon gré faire ou ne pas faire, je règne sur moi-même. Dans la nature, rien ne s'appartient, rien ne possède une force inhérente à soi; moi, je suis dépositaire d'une puissance active et volontaire, limitée il est vrai, mais qui pourtant est volontaire. Je ne suis pas une chose, je suis une personne. Dès que j'ai reconnu en moi ce fait, ou plutôt dès que j'ai reconnu que ce fait, c'est moi-même, je sais ma nature, je vois quelle est ma place dans le monde, je connais mon devoir, c'est d'être fidèle à ma nature, c'est de rester libre.

Je suis libre, donc je dois me conserver libre, donc je dois maintenir l'indépendance native de ma volonté contre ce qui m'entoure, et ne pas me confondre avec les choses, qui n'ont point de volonté. Je puis bien entrer en communication avec elles, mais non pas me rendre semblable à elles. Ce devoir m'est prescrit par ma raison, qui me révèle la loi de la liberté, comme ma conscience m'atteste ma liberté. La raison m'ordonne de fuir les excès qui peuvent ajouter d'autres chaînes à celles que m'imposent les bornes de mes organes, d'être tempérant, prudent et sage, et surtout de m'éclairer moi-même, et d'agrandir ma liberté en perfectionnant mon être.

J'ai des devoirs envers moi-même, je n'en ai point envers les choses. Les choses n'ont pas d'activité en elles, je puis donc légitimement leur imposer la mienne; je puis me les asservir, me les approprier, en user selon mes besoins, tourmenter leur substance, modifier ou briser leurs formes, selon ma pensée et ma puissance. Mais j'aperçois des êtres plus ou moins conformes à moi par leurs apparences matérielles; je vais pour exercer sur eux l'empire de ma force; l'un de ces êtres, moins robuste peut-être que moi, sans armes, d'un sexe plus faible que le mien, prononce devant moi ces seuls mots : Je suis libre, et il m'arrête. Tu es libre, ta liberté vaut la mienne; ma raison me dit qu'elle est sacrée pour moi; tu es mon semblable; c'est donc à toi seul de disposer de toi, comme c'est à moi seul de disposer de moi-même.

A cette découverte, l'homme entre sous l'empire d'une obligation nouvelle, celle de laisser tout homme dans son indépendance. Les hommes, tous libres, ont tous les mêmes devoirs mutuels, ils ont les mêmes droits réciproques, ils sont tous égaux. Ainsi, la liberté morale engendre l'égalité morale.

Cette notion de l'égalité, tirée de la liberté toujours identique à elle-même, est la seule qui soit réelle; car l'égalité physique est une hypothèse à chaque instant démentie. Sainte comme la liberté qui la fonde, l'égalité donne naissance à l'idée de la justice; la justice n'est pas autre chose que le respect mutuel des libertés, respect égal, parce qu'elles sont toutes égales, en tant qu'elles sont des libertés. Elles peuvent, il est vrai, se déployer inégalement, et alors le respect de leur déploiement inégal est la première loi de la justice. La justice n'exige point que chaque liberté possède des propriétés égales, mais bien que chaque liberté possède inviolablement la mesure des propriétés où son mode de développement personnel l'a conduite. Si, parmi les hommes pareillement libres et capables d'acquérir, on voit avec tristesse les uns dans l'abondance et les autres dans le dénuement, c'est à l'humanité, et non à la justice, qu'il faudra demander d'affaiblir ces différences affligeantes. Celui que l'imbécillité de sa nature physique, ou la fatalité des choses, ont retenu ou jeté dans le besoin, n'a point de droits sur notre opulence, quoique nous ayons, comme hommes, des devoirs envers sa misère. Un philosophe de notre époque (1) a dit ingénieusement : Toute faiblesse a des droits; il est plus exact de dire : Toute force a des devoirs; le résultat est le même, le principe est différent.

Ma liberté, ma volonté, ma pensée, mon être, termes synonymes. La raison déclare ma liberté sainte; ma pensée est donc sainte, et personne n'a nul droit sur elle, quelques formes qu'elle ait revêtues. Mon corps qui est l'intermédiaire entre ma volonté et les choses, entre moi et ce qui n'est pas moi, mon corps est à moi seul; l'indépendance de mes membres est aussi sacrée pour autrui que l'indépendance de ma pensée. De plus, quand mes forces physiques s'appliquent

______

(1) M. de Tracy.

aux choses, elles y font passer l'inviolabilité qui était en elles. En d'autres termes, la propriété est sainte, et tout ce qu'un homme a fait sien, lui appartient à titre légitime. Je n'ai pas de droit sur ce qu'un autre a occupé avant moi; mais ce que j'ai occupé le premier est à moi, aussi longtemps que je ne m'en dépossède pas. Si je fais de la chose que j'ai le premier occupée, la matière de mon industrie, si la volonté de me la rendre plus utile s'ajoute à la volonté primitive que j'ai eue de la rendre mienne, mon droit sur elle se fortifie et redouble par cette répétition d'actes libres. Du droit de propriété, ainsi conçu, se déduisent naturellement le droit de donation et le droit de transmission par héritage : la volonté qui se dépossède est sainte comme la volonté qui s'approprie.

Voilà toute la morale sociale; il n'est point d'autres devoirs, ni d'autres droits pour l'homme vivant avec les hommes. Ces droits et ces devoirs existent par eux-mêmes, et en vertu de la nature humaine. Les lois peuvent se présenter; elles les publieront, elles ne les créeront pas, car ils étaient avant elles. On gravera sur l'airain que la liberté est sainte, que la propriété est sainte; et l'on n'aura fait que rendre lisibles pour les yeux des principes déjà existants pour la raison. Ce ne

seront pas les tables de la loi qui légitimeront ces
principes; la loi, au contraire, n'aura de légitimité que par sa concordance avec eux.

Ainsi, la société est déjà, quand le gouvernement n'est pas encore; elle existe, et le gouvernement qui doit la maintenir ne fait que s'ajouter
à elle. Le gouvernement a sa base dans la maxime
que toute infraction au devoir social doit être
physiquement punie. L'idée première, dans l'ordre
logique, est donc celle du devoir social; la violation de ce devoir est la seconde; l'idée de punition,
et avec elle l'idée de gouvernement, n'arrivent
qu'en dernier lieu. Il suit de là que le droit naturel
qui constate l'inviolabilité des personnes, et le
droit civil qui constate l'inviolabilité des possessions, sont antérieurs, et par conséquent supérieurs au droit politique.

Pour mettre quelque ordre dans ses idées,
soit théoriques, soit pratiques, sur l'organisation
sociale, il faut donc poser d'abord la société
comme principe et comme fin, et de là passer au
gouvernement, qui est le moyen de la société, et
qui, pour être légitime, doit s'accommoder à sa
fin. L'opération contraire est absurde. Les Américains ne s'y sont pas trompés, quand ils ont
fondé leur indépendance. « Nous nous reconnaissons tous libres, ont-ils dit dans leurs manifestes,

et obligés tous, de par notre raison, à respecter nos libertés mutuelles : voilà notre société. Que nos mandataires fassent maintenant des lois qui la rendent vivante à nos yeux, et la maintiennent même contre nous, qui la déclarons et la voulons ; qu'ils fassent un gouvernement : mais qu'ils le fassent subordonné à son but, c'est-à-dire circonscrit dans les limites de la liberté, de l'égalité, de la raison. »

Viennent alors les législateurs ; ils n'auront point, comme disent Rousseau et Hobbes, une société à créer, mais une société à conserver ; ils ne demanderont point, comme ces philosophes, que chacun abandonne une partie de ses droits pour entrer dans l'état social ; ces droits sont la société même ; il ne s'agit que de les maintenir tous, et la société sera maintenue. La question des lois politiques est donc tout entière dans la garantie des droits sociaux, nés du seul rapprochement des hommes, et que les hommes, comme êtres raisonnables, conçoivent toujours, qu'ils les aient déclarés ou non. Garantie de la liberté, de toutes les formes de la liberté, c'est-à-dire garantie de la justice sociale, et, d'un seul mot, garantie de l'ordre ; voilà le gouvernement. Tout ensemble d'institutions, qui, sous quelque forme que ce soit, remplit ces conditions nécessaires, est un bon gouvernement; tout gouvernement qui n'y satisfait point, de quelque titre qu'il se pare, est un mauvais gouvernement.

En résumé, l'institution d'une force publique supérieure à toutes les forces individuelles, qui ait la mission de faire respecter les droits de chacun attestés par la conscience et consacrés par la loi, et de réprimer et de punir les atteintes qui peuvent y être portées, c'est le gouvernement. La société étant un ensemble de personnes qui toutes ont un droit égal de faire ce qui leur convient sous la condition de respecter les droits d'autrui, le gouvernement est une personne politique qui intervient pour garantir à chacun le maintien et le développement de sa liberté.

Le but du gouvernement étant posé, il est facile de voir ce qui le rend bon ou mauvais, légitime ou illégitime. Un bon et légitime gouvernement est celui qui se montre constamment fidèle à son institution, c'est-à-dire qui, né pour garantir la liberté de chacun, en réprime les abus, sans jamais opprimer. La question de la meilleure forme de gouvernement si longuement, et si stérilement débattue entre les publicistes, n'en est pas une à vrai dire pour la philosophie. On peut bien chercher les meilleures lois pour une société, s'il s'agit des lois qui touchent au fondement de la société et non à l'institution du pouvoir, parce qu'alors on est encore dans le domaine des principes; mais lorsque la politique passe à la question de gouvernement, elle sort des principes pour entrer dans les faits. Alors elle en est réduite à répéter ce principe unique : Tout gouvernement, quelle qu'en soit la forme, doit maintenir ce qu'il est appelé à maintenir, le respect des droits de chacun.

On a commis une erreur grave, quand, méconnaissant le caractère de l'organisation sociale, on a voulu attribuer au gouvernement des qualités absolues, et trouver *à priori* la meilleure forme politique possible. Il n'y a rien d'absolu en fait de moyens. Ignorons et tenons à honneur d'ignorer quelle est la meilleure forme de gouvernement; mais sachons, de science certaine, que la liberté qui est en nous, que nos libertés philosophiques, religieuses, industrielles, que nos personnes, nos corps, nos biens, sont sacrés pour le gouvernement sous toutes les formes. Sous toutes les formes de gouvernement, arrangeons-nous pour ne pas laisser tourner contre la liberté les forces confiées au pouvoir pour le maintien seul de la liberté.

Ici, nous entrons dans la question des garanties, la seule vraie question politique, question supérieure à toutes celles de la forme des gouvernements, comme le fixe est supérieur à l'éventuel, et la nécessité à la convenance. Parmi ces garanties, que toute société doit exiger, sous peine de s'abjurer elle-même, que tout gouvernement doit accorder, sous peine de se déclarer illégitime, les plus essentielles et les principales sont : les représentations nationales, ou l'intervention de la nation dans la formation des lois générales et locales; le jury, ou l'intervention de la nation dans le pouvoir judiciaire du gouvernement; la garde nationale, ou l'intervention de la nation dans le maintien de sa sûreté extérieure et intérieure, et, par dessus tout, la garantie suprême de la publicité universelle.

Toute nation a droit de prétendre à chacune de ces garanties, à cause du droit qu'elle a d'être libre; les garanties ne sont point des droits par elle-mêmes; leur légitimité provient du droit de liberté sur lequel elles reposent, et dont elles ne sont que les moyens. Il ne faut les revendiquer que comme une sorte de droits secondaires, n'existant qu'en vertu d'un droit supérieur et primitif, dont ils émanent et qu'ils préservent.

Voilà le code naturel, le code civil, le code politique fondés; reste à trouver les fondements du code pénal, qui est le ressort physique des autres. Sur quels actes peut légitimement tomber la contrainte des lois sociales? Sur ceux-là seulement qui, en violant un devoir, ont violé un droit; non pas sur ceux qui ont violé un devoir, sans violer aucun droit. En effet, il y a beaucoup de devoirs qui sont simplement de nous envers nous-mêmes, qui ne s'adressent qu'à l'action de notre liberté sur elle-même, et que, par conséquent, nous pouvons enfreindre sans porter atteinte à la liberté d'autrui, sans violer des droits étrangers, sans offenser la société. Or, la société n'est pas juge du dommage que nous infligeons à nos facultés personnelles, mais seulement des entraves que nous opposons à l'indépendance et aux facultés d'autrui. Dans ses déterminations, elle ne doit avoir en vue que l'idée de l'utile, idée souvent mal comprise, mais qui, entendue dans son vrai sens, ne regarde autre chose que la liberté, les droits de tous, et la protection qui leur est nécessaire. Sous ce rapport, elle est la base et la règle unique du code pénal. On ne peut, à bon droit, punir un acte que quand on a nui à quelqu'un, et même la punition doit encore être gouvernée dans son exercice par le principe qui la détermine, c'est-à-dire par l'utilité sociale. Il suit de là que, dans l'application des peines, il faut rechercher, non pas une vengeance brutale et stérile, mais l'obstacle au mal à venir. Ce sera donc en corrigeant moralement les hommes, bien plus qu'en les châtiant physiquement, qu'on les ramènera à leur devoir, qu'on préservera les droits de la société, et qu'on assurera la liberté qui est l'ordre. Les soins moraux sont contre l'égarement des malfaiteurs une précaution plus sûre que les chaînes, plus humaine que les supplices. Les supplices cruels font des honnêtes gens par lâcheté, et des scélérats par bravoure. Ils préparent à la servitude par la crainte, et ajoutent aux attraits du brigandage par les chances même des périls qui l'entourent. Une peine modérée et infaillible s'aggrave contre le coupable du fardeau de l'indignation publique qui se soulève contre lui, quand elle est sûre de le frapper seule, mais qui se refuse à être complice d'un bourreau.

Mais, tout comme la destinée de l'individu n'est pas comprise tout entière dans les devoirs de justice, de même la mission de faire respecter les droits de chacun ne fait pas toute la destinée du gouvernement. Empêcher le mal est son premier devoir; c'est peut-être le seul dont les gouvernés aient le droit de réclamer l'accomplissement; car, si dans les relations des hommes entre eux, chacun a droit à la justice des autres et personne à leur dévouement, peut-être est-il vrai de dire que, dans les rapports du gouvernement aux gouvernés, l'individu a droit à la protection, mais non à la bienveillance de l'État. Mais devant Dieu et devant sa propre conscience, la mission de bienfaiteur est pour l'État aussi obligatoire que celle de protecteur. Un pouvoir qui a le sentiment de ses hautes destinées ne se borne pas à défendre la liberté des citoyens contre l'oppression ou la licence; il l'aide encore dans sa faiblesse et la soutient contre les obstacles du monde extérieur. Le gouvernement qui laisse périr de misère un citoyen ne serait pas plus coupable à l'égard de ce citoyen que le riche dont l'étroite et dure probité se montrerait insensible à l'infortune; mais, comme ce riche, le gouvernement serait coupable devant Dieu et devant sa propre conscience. La destinée d'un gouvernement n'est sans doute ni moins haute ni moins complète que celle d'un individu; et si la justice ne suffit pas à la destinée individuelle, comment la bienfaisance, le dévouement, l'héroïsme, ne compteraient-ils pas dans la destinée de l'État? Les peuples le sentent bien; tout gouvernement qui a en main de grandes forces et qui se borne à les employer à la répression du mal est jugé par eux inférieur à sa mission et encourt leur mépris. Ils soutiennent faiblement un pouvoir qui, pouvant faire de grandes choses, n'a songé qu'à sa sécurité, et au jour du danger ils l'abandonnent.

Mais cette mission supérieure ne doit nuire en rien à la première. Si un gouvernement, sous prétexte ou même dans un but sérieux de dévouement ou d'héroïsme, devient oppresseur, il manque à son premier devoir, et loin de s'élever par là au-dessus de sa mission ordinaire, il tombe au-dessous. La justice avant tout pour les gouvernements comme pour les individus, la justice avant l'héroïsme ; la dignité et la prospérité intérieure de l'État avant la gloire des conquêtes et des grandes entreprises. Un gouvernement qui expose dans la poursuite de brillantes destinées, la liberté, la paix, la prospérité d'une nation, mérite de ne rencontrer que misère et ruine là où il avait espéré la gloire.

En résumé, le respect des droits, voilà la règle de tout gouvernement légitime; la plus grande perfection et le plus grand bonheur possible, voilà son idéal. Il n'appartient pas à la philosophie, Messieurs, d'entrer dans le domaine de l'histoire, parce que l'histoire échappe à la science; et cependant je veux dire un mot de l'avenir, profondément ému que je suis des inquiétudes d'une génération d'hommes qui, entraînée par une brusque révolution loin des formes de la vieille société, vers un idéal vague et mystérieux, se trouve sans passé, sans avenir; dans un présent incertain. Je voudrais voir se calmer cette agitation que je crois stérile et dangereuse. Vous cherchez avec anxiété, leur dirai-je, un avenir nouveau; mais prenez garde que le terme de vos recherches ne soit un désespoir qui vous plongerait dans un affreux scepticisme ou vous rejetterait dans un passé que Dieu a détruit sans retour. L'avenir est un mystère que la science la plus profonde ne pourra jamais pénétrer. Les grandes choses et les grandes lois le dominent sans doute, comme le présent et le passé; mais l'accident y joue un rôle; or nulle science humaine ne calcule l'accident; l'histoire l'observe et l'enregistre à mesure qu'il passe, mais la philosophie n'y regarde jamais; et comment y regarderait-elle? Elle cherche non ce qui est, ce qui a été, ou ce qui sera, mais ce qui doit être. A l'histoire, la science du réel, sauf l'avenir; à la philosophie la science de l'idéal. Nous aurons beau interroger le passé d'un regard avide et en sonder la profondeur; le passé ne comprend pas l'avenir; il nous faut donc résigner à l'ignorer. Mais nous pouvons toujours savoir ce qui doit être, et sachant ce qui doit être, nous saurons jusqu'à un certain point ce qui sera; car Dieu a voulu que l'histoire fût une réalisation imparfaite sans doute, mais constante et toujours croissante de l'idéal.

Confions-nous donc à la philosophie qui tient nos regards sans cesse fixés sur l'idéal et l'éternel, et qui, laissant à l'histoire le soin de constater les vicissitudes qui en marquent l'apparition en ce monde, nous révèle l'immuable essence de l'homme, ses devoirs, ses droits toujours les mêmes à travers les âges, enfin son invariable destinée. La perfectibilité humaine tend, dans un avenir que j'ignore, à réaliser ce règne de la liberté qui est une loi de notre nature. Tôt ou tard, l'individu sera complètement émancipé dans le sein de la société ; ce ne sera pas encore là, il est vrai, toute sa destinée sociale, mais c'en sera la condition première. Il faut que l'homme soit libre d'abord, libre dans sa pensée, libre dans son action, libre dans toutes ses facultés, pour qu'il puisse aspirer à toute la perfection et à tout le bonheur que comporte sa nature. Ce régime d'absolue liberté, loin de nuire aux grands intérêts dont on se préoccupe avec raison, les favorisera d'autant plus qu'il les aura délivrés de l'odieuse tutelle du despotisme. Et ainsi les principes philosophiques, politiques et religieux, jusqu'ici confondus avec les formes surannées, les intolérables abus, les tristes institutions que le dernier siècle a emportées sans retour, reparaîtront radieuses et triomphantes, si elles ont la vertu de résister à la discussion solennelle et décisive qui se prépare à la faveur de la liberté. Ainsi donc, pour la religion, pour la morale, pour tout ce qui est vrai, bon et beau, il faut appeler l'émancipation des âmes, sans craindre que, dans cette lutte de tous les dogmes et de tous les systèmes, la victoire puisse jamais rester à l'erreur et au mal. Dieu a mis dans le cœur de l'homme un tel amour pour le vrai, le bien et le beau, qu'il suffit qu'on lui en montre le symbole pour qu'il s'y rallie et s'y attache inébranlablement.

PIÈCES JUSTIFICATIVES

N° I.

ACADÉMIE DE PARIS. FACULTÉ DES LETTRES.

COURS DE M. COUSIN.

Histoire de la philosophie morale, pendant le dix-huitième siècle.

Pendant qu'on voyait le Collége de France se remplir de la foule des auditeurs de M. Daunou (1), un professeur, encore jeune, attirait un concours aussi nombreux dans les salles du collége du Plessis. C'est un rapprochement plein d'intérêt que celui de deux cours de science morale, professés en même temps et avec un égal succès par deux hommes d'un âge si différent. Tandis que le premier, déjà avancé dans la vie, en décrivant les caractères de l'homme de bien et du patriote, semblait raconter sa

____

(1) Cours d'histoire et de morale.

propre histoire, les leçons du second, retombant sur le professeur lui-même, pour qui la double carrière d'homme et de citoyen ne vient que de s'ouvrir, avaient aux yeux de l'auditoire la gravité d'un engagement moral, contracté en public et sous la garantie de la science.

Le cours de M. Cousin a représenté dans son plan les dimensions mêmes de la science dont il devait tracer l'histoire. Le professeur ne s'est placé ni en deçà ni au-delà de l'enseignement de la philosophie morale, tel qu'il a été pratiqué de tous temps. Depuis Platon jusqu'à nos jours, la philosophie morale a embrassé des considérations générales sur l'homme, le bien et le mal, le mérite et le démérite, le devoir, le droit; et de plus, l'application de ces théories à toutes les actions humaines, à toutes les situations de la vie, soit privées, soit publiques, ou, en d'autres termes, les notions élémentaires du droit naturel, du droit civil et du droit politique. En sa qualité de philosophe moraliste, M. Cousin était sous l'obligation de parcourir successivement toutes ces parties de la science morale; en qualité d'historien, il se trouvait encore sous cette même obligation; car les philosophes du dix-huitième siècle, qu'il s'était chargé de faire connaître, n'ont point jugé à propos de resserrer dans de plus étroites limites leurs différents systèmes de philosophie pratique. Sans parler des Français, qui, trop évidemment, n'ont pas négligé l'homme social dans leurs théories sur l'homme, les philosophes écossais surtout ont tiré de leurs recherches générales les conséquences les plus positives et les plus détaillées. Dans les chaires de Glascow et d'Edimbourg, sous le nom de philosophie morale, les professeurs ont toujours présenté des considérations scientifiques de quatre espèces : premièrement des vues générales, logiques et métaphysiques, en second lieu, une doctrine morale complète, et enfin, la double application de cette doctrine à la jurisprudence (c'est ainsi qu'ils appellent le droit sous toutes ses formes) et à l'économie politique. Telle est la division des ouvrages classiques publiés par le docteur Hutchesson et Ferguson (1); quant à Reid et à Smith, on sait que leur enseignement était le même pour l'étendue que celui de leurs prédécesseurs; seulement ils n'en ont pas livré au public toutes les parties (2).

Ainsi, sous peine de mutiler la philosophie, et de fausser l'histoire, M. Cousin, professeur de l'histoire de la philosophie morale, devait embrasser dans le plan de son cours tous les genres de recherches morales, dont nous avons fait l'énumération, et par conséquent aborder cette partie de la science à laquelle on peut spécialement donner le nom de philosophie politique. Il l'a donc abordée et traitée à fond ; mais nous devons dire qu'en obéissant ainsi aux lois impérieuses de l'enseignement qui lui était confié, il n'a point oublié à quels titres rationnels ce que nous appelons politique pouvait intervenir dans ses leçons. Toujours professeur et jamais tribun, il est allé jusqu'où le conduisait la science; mais il s'est arrêté scrupuleusement à ce terme.

Il est superflu de dire que nous ne parlerons ici ni de

____

(1) Voyez l'ouvrage de Hutcheson, intitulé : *Philosophia moralis*, et celui de Ferguson, intitulé : *Principes de la science morale et politique*, ainsi que les *Institutions morales* de ce dernier.

(2) Voyez les notices de M. Dugald Stewart sur Smith et sur Reid.

la philosophie générale, qui est la base de l'enseignement de M. Cousin, ni de ses théories particulières sur les devoirs, ni des résultats intéressants que l'on pourrait tirer de son cours pour éclairer la partie morale de toutes les sciences, de la littérature et des arts. Les bornes nécessaires d'un article nous forcent de n'envisager le cours de M. Cousin que sous un seul aspect, et sous l'aspect qui se rapporte le mieux à la nature de ce journal. Nous nous attacherons donc seulement à donner une idée des conséquences politiques développées par ce professeur, en les dégageant des doctrines supérieures dont elles ont été sévèrement déduites. La politique de M. Cousin commence scientifiquement à l'homme ; il définit l'homme une force ; cette force, quoique bornée de mille manières, lui paraît libre dans sa sphère. C'est là qu'il prend son point de départ ; c'est aussi de là que nous partirons pour présenter, dans un ordre conforme à sa méthode, les souvenirs, très-incomplets, mais assez exacts, que nous avons retenus de ses leçons.

« Tant que je veille, je pense, j'agis, je suis libre : je puis à mon gré faire ou ne pas faire, je règne sur moi-même. Dans la nature, rien ne s'appartient, rien ne possède une force inhérente à soi ; moi, je suis dépositaire d'une puissance active et volontaire, limitée, il est vrai ; mais qui pourtant est volontaire. Je ne suis pas une chose, je suis une personne. Dès que j'ai reconnu en moi ce fait, ou plutôt dès que j'ai reconnu que ce fait, c'est moi-même, je sais ma nature, je vois quelle est ma place dans le monde, je connais mon devoir, c'est d'être fidèle à ma nature, c'est de rester libre.

« Je suis libre, donc je dois me conserver libre, donc

je dois maintenir l'indépendance native de ma volonté contre ce qui m'entoure, et ne pas me confondre avec les choses, qui n'ont point de volonté. Je puis bien entrer en communication avec elles, mais non pas me rendre semblable à elles. Ce devoir m'est prescrit par ma raison, qui me révèle la loi de la liberté, comme ma conscience m'atteste ma liberté. La raison m'ordonne de fuir les excès qui peuvent ajouter d'autres chaînes à celles que m'imposent les bornes de mes organes, d'être tempérant, prudent et sage, et surtout de m'éclairer moi-même, et d'agrandir ma liberté en perfectionnant mon être.

« J'ai des devoirs envers moi-même, je n'en ai point envers les choses. Les choses n'ont pas d'activité en elles, je puis donc légitimement leur imposer la mienne; je puis me les asservir, me les approprier, en user selon mes besoins, tourmenter leur substance, modifier ou briser leurs formes, selon ma pensée et ma puissance. Mais j'aperçois des êtres plus ou moins conformes à moi par leurs apparences matérielles; je vais pour exercer sur eux l'empire de ma force; l'un de ces êtres, moins robuste peut-être que moi, sans armes, d'un sexe plus faible que le mien, prononce devant moi ces seuls mots : Je suis libre, et il m'arrête. Tu es libre, ta liberté vaut la mienne; ma raison me dit qu'elle est sacrée pour moi; tu es mon semblable; c'est donc à toi seul de disposer de toi, comme c'est à moi seul de disposer de moi-même.

« A cette découverte, l'homme entre sous l'empire d'une obligation nouvelle, celle de laisser tout homme dans son indépendance. Les hommes, tous libres, ont tous les mêmes devoirs mutuels, ils ont les mêmes droits réciproques, ils sont tous égaux. Ainsi, la liberté morale engendre l'égalité morale.

« Cette notion de l'égalité, tirée de la liberté toujours identique à elle-même, est la seule qui soit réelle; car l'égalité physique est une hypothèse à chaque instant démentie. Sainte comme la liberté qui la fonde, l'égalité donne naissance à l'idée de la justice ; la justice n'est pas autre chose que le respect mutuel des libertés, respect égal, parce qu'elles sont toutes égales, en tant qu'elles sont des libertés. Elles peuvent, il est vrai, se déployer inégalement, et alors le respect de leur déploiement inégal est la première loi de la justice. La justice n'exige point que chaque liberté possède des propriétés égales, mais bien que chaque liberté possède inviolablement la mesure de propriétés où son mode de développement personnel l'a conduite. Si, parmi les hommes pareillement libres et capables d'acquérir, on voit avec tristesse les uns dans l'abondance et les autres dans le dénuement, c'est à l'humanité, et non à la justice, qu'il faudra demander d'affaiblir ces différences affligeantes. Celui que l'imbécillité de sa nature physique, ou la fatalité des choses, ont retenu ou jeté dans le besoin, n'a point de droits sur notre opulence, quoique nous ayons, comme hommes, des devoirs envers sa misère. Un philosophe de notre époque (1) a dit ingénieusement : Toute faiblesse a des droits ; il est plus exact encore de dire : Toute force a des devoirs ; le résultat est le même, le principe est différent.

« Ma liberté, ma volonté, ma pensée, mon être, termes

____

(1) M. de Tracy.

synonymes. La raison déclare ma liberté sainte ; ma pensée est donc sainte, et personne n'a nul droit sur elle, quelques formes qu'elle ait revêtues. Mon corps qui est l'intermédiaire entre ma volonté et les choses, entre moi et ce qui n'est pas moi, mon corps est à moi seul ; l'indépendance de mes membres est aussi sacrée pour autrui que l'indépendance de ma pensée. De plus, quand mes forces physiques s'appliquent aux choses, elles font passer dans les choses l'inviolabilité qui était en elles. En d'autres termes, la propriété est sainte, et tout ce qu'un homme a fait sien, lui appartient à titre légitime. Je n'ai pas de droit sur ce qu'un autre a occupé avant moi ; mais ce que j'ai occupé le premier est à moi, aussi longtemps que je ne m'en dépossède pas. Si je fais de la chose que j'ai le premier occupée, la matière de mon industrie, si la volonté de me la rendre plus utile s'ajoute à la volonté primitive que j'ai eue de la rendre mienne, mon droit sur elle se fortifie et redouble par cette répétition d'actes libres. Du droit de propriété, ainsi conçu, se déduisent naturellement le droit de donation et le droit de transmission par héritage : la volonté qui se dépossède est sainte comme la volonté qui s'approprie.

« Voilà toute la morale sociale ; il n'est point d'autres devoirs, ni d'autres droits pour l'homme vivant avec les hommes. Ces droits et ces devoirs existent par eux-mêmes, et en vertu de la nature humaine. Les lois peuvent se présenter ; elles les publieront, elles ne les créeront pas, car ils étaient avant elles. On gravera sur l'airain que la liberté est sainte, que la propriété est sainte ; et l'on n'aura fait que rendre lisibles pour les yeux des principes déjà existants pour la raison. Ce ne seront pas les tables de la loi qui légitimeront ces principes ; la loi, au contraire, n'aura de légitimité que par sa concordance avec eux.

« Ainsi, la société est déjà, quand le gouvernement n'est pas encore ; elle existe, et le gouvernement qui doit la maintenir ne fait que s'ajouter à elle. Le gouvernement a sa base dans la maxime que toute infraction au devoir social doit être physiquement punie. L'idée première, dans l'ordre logique, est donc celle du devoir social ; la violation de ce devoir est la seconde ; l'idée de punition, et avec elle, l'idée de gouvernement, n'arrivent qu'en dernier lieu. Il suit de là que le droit naturel qui constate l'inviolabilité des personnes, et le droit civil qui constate l'inviolabilité des possessions, sont antérieurs, et par conséquent supérieurs au droit politique.

« Pour mettre quelque ordre dans ses idées, soit théoriques, soit pratiques, sur l'organisation sociale, il faut donc poser d'abord la société comme principe et comme fin, et de là passer au gouvernement, qui est le moyen de la société, et qui, pour être légitime, doit s'accommoder à sa fin. L'opération contraire est absurde. Les Américains ne s'y sont pas trompés, quand ils ont fondé leur indépendance. « Nous nous reconnaissons tous libres, ont-ils dit dans leurs manifestes, et obligés tous, de par notre raison, à respecter nos libertés mutuelles : voilà notre société. Que nos mandataires fassent maintenant des lois qui la rendent vivante à nos yeux, et la maintiennent même contre nous, qui la déclarons et la voulons ; qu'ils fassent un gouvernement : mais qu'ils le fassent subordonné à son but, c'est-à-dire, circonscrit dans les limites de la liberté, de l'égalité, de la raison.

« Viennent alors les législateurs ; ils n'auront point, comme disent Rousseau et Hobbes, une société à créer, mais une société à conserver ; ils ne demanderont point, comme ces philosophes, que chacun abandonne une partie de ses droits pour entrer dans l'état social ; ces droits sont la société même ; il ne s'agit que de les maintenir tous, et la société sera maintenue. La question des lois politiques est donc tout entière dans la garantie des droits sociaux, nés du seul rapprochement des hommes, et que les hommes, comme êtres raisonnables, conçoivent toujours, qu'ils les aient déclarés ou non. Garantie de la liberté, de toutes les formes de la liberté, c'est-à-dire, garantie de la justice sociale, et, d'un seul mot, garantie de l'ordre ; voilà le gouvernement. Tout ensemble d'institutions, qui, sous quelque forme que ce soit, remplit ces conditions nécessaires, est un bon gouvernement ; tout gouvernement qui n'y satisfait point, de quelque titre qu'il se pare, est un mauvais gouvernement.

« On a commis une erreur grave, quand, méconnaissant le caractère de l'organisation sociale, on a voulu attribuer au gouvernement des qualités absolues, et trouver *à priori* la meilleure forme politique possible. Il n'y a rien d'absolu en fait de moyens. Ignorons et tenons à honneur d'ignorer quelle est la meilleure forme de gouvernement ; mais sachons, de science certaine, que la liberté qui est en nous, que nos libertés philosophiques, religieuses, industrielles, que nos personnes, nos corps, nos biens, sont sacrés pour le gouvernement sous toutes les formes. Sous toutes les formes de gouvernement, arrangeons-nous pour ne pas laisser tourner contre la liberté les forces confiées au pouvoir pour le maintien seul de la liberté.

« Ici, nous entrons dans la question des garanties, la seule vraie question politique, question supérieure à toutes celles de la forme des gouvernements, comme le fixe est supérieur à l'éventuel, et la nécessité à la convenance. Parmi ces garanties, que toute société doit exiger, sous peine de s'abjurer elle-même, que tout gouvernement doit accorder, sous peine de se déclarer illégitime, les plus essentielles et les principales sont : les représentations nationales, ou l'intervention de la nation dans la formation des lois générales et locales ; le jury, ou l'intervention de la nation dans le pouvoir judiciaire du gouvernement ; la garde nationale, ou l'intervention de la nation dans le maintien de sa sûreté extérieure et intérieure, et, par dessus tout, la garantie suprême de la publicité universelle.

« Toute nation a droit de prétendre à chacune de ces garanties, à cause du droit qu'elle a d'être libre ; les garanties ne sont point des droits par elles-mêmes ; leur légitimité provient du droit de liberté sur lequel elles reposent, et dont elles ne sont que les moyens. Il ne faut les revendiquer que comme une sorte de droits secondaires, n'existant qu'en vertu d'un droit supérieur et primitif, dont ils émanent et qu'ils préservent.

« Voilà le code naturel, le code civil, le code politique fondés ; reste à trouver les fondements du code pénal, qui est le ressort physique des autres. Sur quels actes peut légitimement tomber la contrainte des lois sociales ? Sur ceux-là seulement qui, en violant un devoir, ont violé un droit ; non pas sur ceux qui ont violé un devoir sans violer aucun droit. En effet, il y a beaucoup de devoirs qui sont simplement de nous envers nous-mêmes,

qui ne s'adressent qu'à l'action de notre liberté sur elle-
même, et que, par conséquent, nous pouvons enfreindre
sans porter atteinte à la liberté d'autrui, sans violer des
droits étrangers, sans offenser la société. Or, la société
n'est pas juge du dommage que nous infligeons à nos
facultés personnelles, mais seulement des entraves que
nous opposons à l'indépendance et aux facultés d'autrui.
Dans ses déterminations, elle ne doit avoir en vue que
l'idée de l'utile, idée souvent mal comprise, mais qui,
entendue dans son vrai sens, ne regarde autre chose que
la liberté, les droits de tous, et la protection qui leur est
nécessaire. Sous ce rapport, elle est la base et la règle
unique du code pénal. On ne peut, à bon droit, punir un
acte, que quand on a nui à quelqu'un, et même la punition doit encore être gouvernée dans son exercice par le
principe qui la détermine, c'est-à-dire par l'utilité sociale.
Il suit de là que, dans l'application des peines, il faut
rechercher, non pas une vengeance brutale et stérile,
mais l'obstacle au mal à venir. Ce sera donc en corrigeant
moralement les hommes, bien plus qu'en les châtiant
physiquement, qu'on les ramènera à leur devoir, qu'on
préservera les droits de la société, et qu'on assurera la
liberté qui est l'ordre. Les soins moraux sont contre
l'égarement des malfaiteurs une précaution plus sûre
que les chaînes, plus humaine que les supplices. Les supplices cruels font des honnêtes gens par lâcheté, et des
scélérats par bravoure. Ils préparent à la servitude par
la crainte, et ajoutent aux attraits du brigandage par les
chances même des périls qui l'entourent. Une peine modérée et infaillible s'aggrave contre le coupable du fardeau de l'indignation publique qui se soulève contre lui,

quand elle est sûre de le frapper seule, mais qui se refuse à être complice d'un bourreau. »

Voilà les principes généraux de la politique de M. Cousin. Nous n'avons pu en offrir qu'un résumé vague et circonscrit, à cause de l'espace étroit où nous devions nous resserrer. Le professeur a développé ses idées d'une manière à la fois positive et large. Mais la même sévérité d'esprit qui lui faisait repousser les théories vaguement libérales, et sans application pratique, écartait en même temps de ses leçons, tout ce qui ne lui paraissait pas rationnel et scientifique. S'il a quelquefois proféré avec une sorte de solennité, dans son cours, les mots de raison et de liberté, ce n'était point par un étalage puéril, ni par un vain désir d'être populaire : la liberté et la raison sont les bases mêmes de sa philosophie : pour lui, la liberté est le sujet de tout acte moral ; la raison en est la règle et la sanction.

M. Cousin prononce ses leçons sans cahiers, et même sans le secours d'aucune note ; son improvisation est à la fois abondante et nerveuse. Il pose d'une manière neuve les hautes questions philosophiques, et il présente des solutions qui se rattachent toujours fortement l'une à l'autre. Ce caractère d'unité, dans une vaste étendue de matières, donne à son cours un aspect scientifique imposant. Durant huit mois, son nombreux auditoire a marché à sa suite au milieu des aridités de la science de l'homme, sans paraître un moment fatigué par les efforts du professeur, ni même par ses propres efforts. Avoir inspiré aux jeunes gens le goût de ces travaux austères, y avoir dévoué sa propre vie ; avoir entrepris, comme une dette envers la science et envers ses élèves, deux voyages coûteux et pénibles pour visiter des écoles étrangères ; savoir répandre un intérêt nouveau sur la science difficile de l'homme moral, et y rattacher comme à leur base les hauts sentiments du patriotisme, voilà des titres à l'estime publique que M. Cousin possède à vingt-six ans. Nous nous plaisons à les proclamer, et nous osons rappeler à un jeune homme, comme nous à l'entrée de la carrière, que des titres acquis sont pour lui des engagements sacrés ; qu'en professant, au nom de la science, des doctrines de raison et de liberté, il a promis lui-même, au nom de cette science qu'il attestait, d'être dans tous les temps l'homme de ses propres doctrines, l'homme de la liberté et de la raison.

A. THIERRY.

N° II.

Cours d'histoire de la Philosophie morale.

L'objet du nouveau cours de M. Cousin est l'histoire de la philosophie morale dans l'école allemande : sur le point de s'engager dans cette histoire critique, il a voulu rappeler de nouveau à ses auditeurs quelle est la doctrine, quels sont les principes qui lui sont propres à lui-même, et à l'aide desquels il doit faire le partage difficle du faux et du vrai dans les doctrines et dans les théories d'autrui. Il a exposé d'abord l'idée qu'il concevait de la philosophie, de la méthode philosophique, et enfin de l'homme, premier objet des recherches philosophiques, parce qu'il en est lui-même l'instrument.

L'homme, selon M. Cousin, est une force libre ; comme tel, la liberté est sa loi ; et son devoir est de se maintenir libre. De plus, la raison qui nous révèle que nous sommes libres, et que, par conséquent, nous devons rester libres, nous révèle aussi que tout homme est une force libre, égale et identique à la nôtre, et que, par conséquent, notre devoir est de respecter en lui la liberté que nous maintenons en nous. Le double respect de la liberté dans nous-mêmes et de la liberté dans les autres hommes, est la vertu. La nature de ce journal ne nous permet d'indiquer ici que la partie des idées de M. Cousin relative à la vertu sociale.

« Quiconque entrave la liberté d'autrui dans un de ses actes, soit moraux, soit physiques, viole en autrui le droit qu'il reconnaît lui-même : il est injuste ; l'injustice est le mépris de la liberté, la justice en est le respect; la justice sociale, ou l'ordre, en est le respect universel, le respect égal de la part de tous, parce qu'en droit toutes les libertés sont égales. L'égalité dérive de la liberté, la propriété en dérive aussi, et est sacrée comme elle, parce qu'elle n'est autre chose que le fruit d'une répétition d'actes libres. Quiconque a violé la liberté, l'égalité, la propriété, en d'autres termes, la justice ou l'ordre, est responsable de cette violation envers ses semblables qu'elle blesse, envers la société qu'elle ébranle. La société a le droit de le contraindre par la force à se retracter pour le présent, et à s'abstenir pour le futur; elle a le droit de traîner le coupable devant un tribunal qui le châtie, et de là vient la légitimité des gouvernements, qui sont le tribunal arbitre, et la force vengeresse de la liberté violée. C'est de l'obligation primitive qui nous lie envers la liberté que naît l'obligation qui nous lie envers les gouvernements qui la garantissent.

« Ne viole point la liberté de ton semblable, ne fais point de mal à autrui, ne sois point injuste, abstiens-toi, comme disent les stoïciens, voilà toute la loi sociale, loi obligatoire pour tous, loi de tous les temps et de tous les lieux. Quiconque s'y est conformé, est quitte envers la société. Cependant il y a des actions qui dépassent ces limites; il y a des âmes qui, s'élevant au-dessus de la loi commune, imposent une loi impérieuse, la loi du dévouement à autrui. Dans l'antiquité, il y a eu des patriotes qui, non contents d'avoir respecté scrupuleusement l'indépendance humaine, se sont présentés sur la scène du monde, pour entreprendre avec éclat la protection de l'indépendance menacée ou abattue. Ces exemples, que les historiens célèbrent, et qui font battre le cœur des hommes, appartiennent à une autre vertu, que commande une autre morale.

« Mais ne nous y trompons pas ; le genre humain n'a pas le droit d'imposer le dévouement comme une loi obligatoire. La seule loi obligatoire dans la société, est le respect de la liberté ; l'anéantissement personnel, pour le salut de la liberté, n'est une loi que pour ceux qui se l'imposent à eux-mêmes. Ce n'est point un devoir qu'on puisse réduire en formule, c'est une sorte d'instinct spontané, sans règle, sans formule précise, qui est en morale ce que le génie est dans les arts. C'est la raison du petit nombre, raison supérieure à la raison commune des hommes, raison pure, qu'on me pardonne ce mot, ne répondant de soi qu'à soi-même, ne s'engageant qu'envers soi-même, hors de la portée de la règle de justice, des peines et des contraintes sociales. Aussi le genre humain accepte-t-il les sacrifices du dévouement, non comme une dette, mais comme un don gratuit. Celui qui viole la liberté d'un autre est traité par la société en coupable et en ennemi ; celui qui respecte les libertés qui l'entourent est laissé par elles dans sa liberté et dans son repos. Il n'y a point de châtiments pour quiconque manque d'héroïsme ; mais il y a pour les héros des couronnes et des statues.

« L'homme à qui parle cet instinct sublime, cette raison des grandes âmes, paraît jeté hors de lui-même, et tourmenté par un pouvoir intérieur qui le travaille malgré lui : il semble en proie à l'enthousiasme, état de l'âme irrationnel et passionné. Mais si nous descendons au fond de cette âme si troublée en apparence, nous y trouverons un autre phénomène, c'est la conviction, la conviction qui n'est ni ardente ni froide, mais fixe et absolue comme un axiome mathématique : voilà la forme de l'héroïsme; et c'est sous cette forme, calme et silencieuse, qu'il se révèle souvent dans ses épreuves les plus terribles. Quand Sidney fut traité en criminel pour avoir voulu forcer la puissance à ne pas violer la liberté de sa patrie, il prononça pour toute défense qu'il avait cru devoir cette action à Dieu, au genre humain, et à lui-même ; Jefferies, le chef des juges, ne comprenant point ces paroles, s'écria avec ce dédain qu'affecte la force dans ses triomphes : Qu'on emmène cet homme, il extravague, il a la fièvre ! Voyez, dit Sidney en lui présentant son bras, voyez si mon pouls est plus agité que le vôtre.»

Le discours d'ouverture de M. Cousin, improvisé dans toutes ses parties, était lié par un enchaînement méthodique et sévère, que nous chercherions en vain à reproduire, dans ce court article composé sur des souvenirs vagues et sur des notes incomplètes. Nous passerons donc sur le développement des idées scientifiques qui ont fait le corps de cette leçon, pour arriver à la péroraison dont nous avons recueilli plus fidèlement les principaux traits, et que nous allons essayer de reproduire avec sa forme oratoire.

« Ces droits que nous appelons les droits de l'homme, et dont la déclaration est toute moderne, sont eux-mêmes antiques, et si antiques que jamais l'espèce humaine ne les a regardés comme prescrits. De tout temps, l'homme s'est regardé comme un être libre ayant droit à la liberté pour lui-même, ayant le devoir de la respecter dans les autres ; de tout temps, la liberté a été reconnue ; mais plus ou moins, avec plus ou moins de clarté, avec plus ou moins d'étendue. Les droits qui en dérivent n'ont pas tous, de prime abord, apparu à l'intelligence humaine; quand un d'eux l'éclairait déjà, les autres lui étaient encore voilés, et l'homme violait sans remords, voyait violer sans indignation, dans sa personne, ces droits qu'il ne concevait pas.

« Le développement de l'univers moral n'a été que la suite du développement de la liberté dans les intelligences humaines. A mesure qu'on l'a conçue plus grande, plus variée, plus multiple, en quelque sorte, le monde a pris une nouvelle forme. Aujourd'hui, la totalité de la liberté, si l'on peut le dire, est découverte, et le monde aspire à une forme qui réponde à cette grande notion, comme les formes antérieures répondaient à des notions moins parfaites. La liberté grecque ne fut qu'un côté de la liberté humaine; elle a suffi autrefois à l'Europe civilisée, elle lui serait maintenant insuffisante, aussi bien que la forme du moyen-âge, qui, comme la forme grecque, a eu son époque d'adhésion, de justice et de splendeur. Quand ces formes contenaient en elles tout ce qu'il y avait de liberté dans l'intelligence des hommes, elles n'étaient point oppressives, elles étaient justes et fortes et défendues par les hommes; mais toute forme politique que l'idée de la liberté a une fois dépassée, fatigue le siècle qui la supporte, et elle-même, comme une vaine idole que le dieu n'habite plus, elle n'attend qu'un premier effort pour crouler sur sa base, et se disperser en débris.

« La loi de la conservation dans ce monde est une loi de destruction; tout doit passer pour que tout se renouvelle; rien ne vit que pour la mort; rien ne vit que par la mort. Au milieu de ce perpétuel mouvement de l'histoire, l'unique asile du sage est la science. Laissez l'histoire se faire, et restez dans la science. Au lieu de nous égarer à la suite d'événements incertains et d'espérances trompeuses, attachons-nous à ce qui ne peut nous tromper, à ce qui est près de nous, à ce qui est en nous, à ce qui sera, quoi qu'il arrive, si nous le voulons, c'est-à-dire à ce qui doit être.

« En recueillant notre âme autour de ces objets qui ne passeront point, nous serons les hommes de l'avenir, mais d'un avenir sûr et infaillible. Reposons-nous sur les principes, et fixons les principes en nous-mêmes; que notre patriotisme soit fondé sur la science; avec elle, nous serons courageux sans inquiétude, actifs sans agitation. Aimons la liberté parce qu'elle est vraie, plutôt que parce qu'elle doit régner un jour, et laissons aller les choses à leurs chances et aux caprices du sort. Alors, quoi qu'il se fasse en ce monde nous y serons toujours à notre place d'hommes. »

L'auditoire a eu besoin de tant d'idées grandes, calmes et généreuses pour relever son esprit des impressions dont l'avait frappé le commencement de cette séance. M. Cousin sort à peine d'un long accès d'une maladie de langueur, fruit amer de ses études, triste compagne de son talent. Huit cents jeunes gens attendaient avec une impatience inquiète un jeune homme qu'ils appellent leur maître, et que leurs applaudissements accompagnent. Ils ont gardé un silence morne lorsque M. Cousin, d'une voix émue, leur a dit qu'ils n'avaient plus à attendre de ses forces diminuées, cette ardeur de jeunesse qui répondait à leur ardeur; quand il les a priés de l'oublier lui-même, pour ne songer qu'à la science, être fort, être impérissable. Cet avertissement, dont le ciel détournera l'augure, la vue du jeune professeur, traînant de nouveau aux fatigues de la science les restes d'une énergie qu'il ne se plaint de voir décliner que parce qu'elle ne suffirait plus aux études qui la dévorent, ce spectacle était fait pour laisser dans les âmes une trace profonde. Parmi les auditeurs, se trouvaient des amis de M. Cousin, qui se sont dévoués comme lui et avec lui à la patrie et à l'étude. Son exemple, son courage, ses succès, les ont plus d'une fois soutenus. Habitués à le voir marcher devant eux, s'il s'arrêtait dans la carrière, leur ardeur tomberait avec la sienne. L'auteur de cet article demande pardon à une amitié de cœur, de travaux et d'espérances, s'il ose la déclarer au public, et dire combien le rétablissement de ces forces, qui se sont épuisées pour la science, lui est nécessaire à lui-même,

Nec carus œquè, nec superstes
Integre...

A. THIERRY.

N° III.

NOTE EXTRAITE D'UN LIVRE DE M. KÉRATRY,

intitulé :

La France telle qu'on l'a faite, et publié en 1821.

La politique ne porte pas seule le deuil de nos libertés. M. Cousin est banni de la faculté des lettres, que, jeune encore, il honorait par la maturité de son talent. On assure qu'il y a dans cette affaire des détails odieux. Le résultat définitif est que, malgré l'article équivoque et perfide du *Moniteur*, après cinq années d'honorable exercice, M. Cousin se trouve sans titres, sans fonctions et sans traitement. Il est vrai que M. Royer-Collard, dont la loyauté et la délicatesse ne se démentent jamais, offrait à celui qu'il appelle toujours son suppléant, une demi-solde que l'autorité pressa, dit-on, M. Cousin d'accepter. Mais le jeune professeur de philosophie morale refusa de participer en aucune manière à un traitement auquel on lui avait enlevé tout titre légal. Ceux qui connaissent la situation domestique de M. Cousin apprécieront le mérite de ce refus.

Et qu'enseignait-il donc qui pût provoquer ainsi la colère et les coups de l'autorité ? Il enseignait qu'il y a dans l'homme un élément dont l'essence et les lois n'ont aucune analogie avec les phénomènes et les lois de la matière, que la sensation et ses métamorphoses ne peuvent expliquer, auquel l'univers extérieur sert de théâtre et non de base, qui se saisit et se proclame lui-même dans le sentiment de tout acte véritable, de tout acte volontaire et libre. Il enseignait que la grandeur et la loi de tout être étant la fidélité à sa nature, la dignité et la sainteté de l'homme résident dans la liberté qui le constitue ; que le devoir, dans son expression la plus simple à la fois et la plus élevée, est le maintien de cette liberté contre tout ce qui lui est étranger et ennemi, contre les passions, filles des sens et de la fatalité extérieure. Il enseignait que c'est là, dans l'empire sur soi-même, dans le retranchement de tout ce qui est passionné, dans le développement et la culture assidue de la liberté intérieure, c'est-à-dire de la pureté morale, que sont la vertu et la paix. Ce n'est pas tout, il enseignait que la vie et la mort sont des phénomènes indifférents par eux-mêmes ; qu'il n'y a de mortel en nous que les sens et la passion, et les éléments subalternes que le rapport inévitable des choses extérieures à l'âme mêle accidentellement à notre destinée ; que ce qui est libre des sens et des passions ne passe point avec eux ; que l'élément de pureté est aussi l'élément de vie ; que si les conditions actuelles de cette existence phénoménale condamnent l'homme à l'imperfection, et rendent impossible la pureté absolue, cette absolue pureté n'en est pas moins inhérente à l'essence de l'élément sacré qui habite dans l'homme, et que, le phénomène évanoui, la substance immortelle, délivrée des formes variables et périssables, est rendue à cette pureté, à cette unité, à cette liberté absolue à laquelle la vertu de l'homme aspire sans pouvoir l'atteindre.

Les idées politiques de M. Cousin étaient tout aussi

simples, tout aussi inoffensives que ses idées morales et religieuses.

Si la liberté est sacrée en soi, disait-il, elle l'est pour chaque homme qui la porte et doit la respecter en lui-même ; elle l'est pour tous les hommes, et leur impose à tous un respect et un culte réciproque.

C'est dans ce respect de la liberté de tous, par tous, qu'est le principe réel de la justice, et par conséquent de l'ordre, et par conséquent de la paix. Ébranlez ce principe, énervez ses conséquences, à la place du respect de la liberté, vous introduirez plus ou moins la violence et l'iniquité, et le genre humain retombe dans l'état de guerre. Le respect de la liberté établi comme principe social unique, tous les devoirs et les droits sociaux s'en déduisent avec rigueur et facilité, et leur ensemble systématique fonde, avec le code des droits civils, la déclaration des droits et des devoirs qui précède et qui règle toute organisation positive. Cette organisation n'est autre chose que l'ensemble des institutions qui réalisent les droits individuels et universels, les font vivre et se mouvoir en quelque sorte, et incorporent la liberté à l'existence.

Mais quelque chose doit présider à la mise à exécution de ces lois, à l'établissement de cette organisation, à la garde de la liberté, à la répression des délits et des crimes, c'est-à-dire aux infractions plus ou moins graves à la liberté publique. De là l'idée de gouvernement institué pour réprimer et protéger, non pour entraver et pour asservir. Mais ce gouvernement, comment doit-il être composé ? Ces institutions, comment les établir et les conserver ? Toutes questions relatives au temps et

aux circonstances, et que la spéculation n'embrasse
point. M. Cousin n'est jamais descendu sur ce terrain
glissant, réservé aux législateurs et aux publicistes de
chaque pays. Il se contentait de poser en principe que la
concorde et la fusion des droits, des lois, des institutions, du gouvernement et de toutes ses parties, constituent l'unité de la vie sociale, et que le fond de cette
unité est le sentiment universel du respect de la liberté,
la prédominance des éléments supérieurs de l'humanité
sur les passions et les caprices, le règne de la vertu, la
réalisation de la sainteté de l'homme, le triomphe de
l'esprit sur la matière. Ainsi planait sur toutes les leçons
de M. Cousin la grande figure de la liberté présidant à
l'ensemble de la philosophie théorique et pratique, assise
à la base, dominant le faîte, ordonnant, vivifiant, sanc-
tifiant le système entier. Quoi de plus moral et de plus
religieux qu'une philosophie où l'on retrouve à chaque
pas les croyances les plus élevées de la nature humaine,
l'idée de Dieu, pur et ineffable esprit dont l'homme est
la sainte image, l'idée d'un ordre meilleur et plus parfait
que celui de la terre, et que l'humanité doit s'efforcer
de réaliser de son mieux ici-bas, par la pureté du cœur,
le respect et l'amour des autres, le travail, le désintéressement, la justice et la paix ?

Le cours de M. Cousin était fréquenté par plus de six
cents auditeurs de tout âge. L'attention et le recueille-
ment de l'auditoire, l'improvisation simple et abondante
du professeur, ses travaux, son caractère, les systèmes
les plus obscurs en apparence éclaircis par une exposition habile, l'intervention du grand nom Platon, quelquefois celle d'un nom plus saint, imprimaient à ses

leçons un caractère singulier de gravité et de profondeur. Les âmes s'élevaient et s'affermissaient à cet enseignement sévère; qu'importe? ils l'ont rejeté comme jacobin et comme athée.

Nous n'entendrons plus M. Cousin, mais nous nous en souviendrons toujours. On a pu lui enlever sa chaire; on ne l'arrachera pas du cœur de ses élèves. Cultivées fidèlement par ceux-ci, ses leçons et sa doctrine porteront des fruits durables. M. Cousin a pu être frappé dans sa personne, mais son école est à l'abri des coups du pouvoir.

TABLE.

QUATRIÈME LEÇON.

CINQUIÈME LEÇON.

SIXIÈME LEÇON.

SEPTIÈME LEÇON.

PIÈCES JUSTIFICATIVES.

N^{os} I ET II.

N° III.

FIN.

www.ingramcontent.com/pod-product-compliance
Ingram Content Group UK Ltd.
Pitfield, Milton Keynes, MK11 3LW, UK
UKHW021218140726
13695UKWH00002B/610